우리고전 100선 03

욕심을 잊으면 새들의 친구가 되네—이규보 선집

우리고전 100선 03

욕심을 잊으면 새들의 친구가 되네―이규보 선집

2006년 11월 27일   초판 1쇄 발행
2018년 10월 30일   초판 4쇄 발행

편역	김하라
기획	박희병
펴낸곳	돌베개
책임편집	이경아 이혜승
편집	김희동 윤미향 서민경 김희진
디자인	박정은 이은정 박정영
디자인기획	민진기디자인
표지그림	전갑배(일러스트레이터, 서울시립대학교 시각디자인대학원 교수)

등록	1979년 8월 25일 제406-2003-000018호
주소	(10881) 경기도 파주시 회동길 77-20 (문발동)
전화	(031) 955-5020
팩스	(031) 955-5050
홈페이지	www.dolbegae.co.kr
전자우편	book@dolbegae.co.kr

ⓒ김하라, 2006

ISBN 89-7199-253-0 04810
ISBN 89-7199-250-6 (세트)

이 책에 실린 글의 무단 전재와 복제를 금합니다.
책값은 뒤표지에 있습니다.
이 도서의 국립중앙도서관 출판시도서목록(CIP)은
e-CIP 홈페이지(http://www.nl.go.kr/cip.php)에서
이용하실 수 있습니다. (CIP제어번호:CIP2006002498)

우리고전 100선 03

욕심을 잊으면 새들의 친구가 되네

―

이규보 선집

김하라 편역

돌베개

간행사

　지금 세계화의 파도가 높다. 현재 진행되고 있는 세계화는 비단 '자본'의 문제이기만 한 것이 아니라, '문화'와 '정신'의 문제이기도 하다. 그 점에서, 세계화에 어떻게 대응할 것인가 하는 것은 우리의 생존이 걸린 사활적(死活的) 문제인 것이다. 이 총서는 이런 위기의식에서 기획되었으니, 세계화에 대한 문화적 방면에서의 주체적 대응이랄 수 있다.
　생태학적으로 생물다양성의 옹호가 정당한 것처럼, 문화다양성의 옹호 역시 정당한 것이며 존중되지 않으면 안 된다. 그럼에도 세계화의 추세 속에서 문화다양성은 점점 벼랑 끝으로 내몰리고 있는 것처럼 보인다. 하지만 문화적 다양성 없이 우리가 온전하고 행복한 삶을 살 수 있겠는가. 동아시아인, 그리고 한국인으로서의 문화적 정체성은 인권(人權), 즉 인간권리의 문제이기도 하기 때문이다. 그래서 우리 고전에 대한 새로운 조명과 관심의 확대가 절실히 요망된다.
　우리 고전이란 무엇을 말함인가. 그것은 비단 문학만이 아니라, 역사와 철학, 예술과 사상을 두루 망라한다. 그러므로 일반적으로 알려져 있는 것보다 훨씬 광대하고, 포괄적이며, 문제적이다.
　하지만, 고전이란 건 따분하고 재미없지 않은가? 이런 생각의 상당 부분은 편견일 수 있다. 그리고 이런 편견의 형성에는 고전을 연구하는 사람들에게 큰 책임이 있다. 시대적 요구에 귀 기울이지 않은 채 딱딱하고 난삽한 고전 텍스트를 재생산해 왔으니까. 이런 점을 자성하면서 이 총서는 다음의 두 가지 점에 특히 유의하고자 한다. 하나는, 권위주의적이고 고지식한 고전의 이미지를 탈피하는 것. 둘은, 시대적 요구를 고려한다는 그럴 듯한 명분을 내세워 상업주의에 영합한 값싼 엉터리 고전책을 만들지 않도록 하는 것. 요컨대, 세계시민의 일원인 21세기 한국인이 부담감 없이 '쉽게' 접근할 수 있는, 그러면서도 품격과 아름다움과 깊이를 갖춘 우리 고전을 만드는 게 이 총서가 추구하는 기본 방향이다. 이를 위해 이 총서는, 내용적으로든 형식적으로든, 기존의 어떤 책들과도 구별되는 여러 가지 모색을 시도하고 있다. 그리하여 고등학생 이상이면 읽고 이해할 수 있도록 번역에 각별히 신경을 쓰고, 작품에 간단한 해설을 붙이기도 하는 등, 독자의 이해를 돕고자 하였다.

특히 이 총서는 좋은 선집(選集)을 만드는 데 큰 힘을 쏟고자 한다. 고전의 현대화는 결국 빼어난 선집을 엮는 일이 관건이자 종착점이기 때문이다. 이 총서는 지난 20세기에 마련된 한국 고전의 레퍼토리를 답습하지 않고, 21세기적 전망에서 한국의 고전을 새롭게 재구축하는 작업을 시도할 것이다. 실로 많은 난관이 예상된다. 하지만 최선을 다해 앞으로 나아가고자 한다. 그리하여 비록 좀 느리더라도 최소한의 품격과 질적 수준을 '끝까지' 유지하고자 한다. 편달과 성원을 기대한다.

박희병

책머리에

문예의 별인 규성(奎星)이 시인(詩人)으로서의 운명을 알려 주었다는 데서 '규보'(奎報)라는 이름을 얻게 된 이규보(李奎報)는 평생 시인으로서의 운명을 살았다. 일흔넷이 되던 해 가을 '이제는 눈이 아파서 더는 시를 쓸 수 없다'고 고백하는 시를 남기고 그 며칠 뒤에 생을 마감하기까지 일생을 시인으로 살았기에 남긴 작품이 많고, 그 작품에서 구현하고 있는 세계의 모습 역시 대단히 다채롭다.

 이규보는 우선 꾸밈없는 생활인으로서, 자신의 일상을 구성하는 작은 것들을 섬세하고 따스한 시선으로 형상화하였다. 새와 물고기에게 먹던 밥을 나눠 주고, 정든 말이 늙어 죽자 마음이 아파 문간을 서성이는 그의 모습은, 지켜보는 사람의 마음도 따뜻하고 보드랍게 만들어 준다. 마음 같지 않은 세상사에 마음을 다치지 않고, 한적한 생활 속에서 내밀한 기쁨과 자유를 누리며, 세상의 모든 것들과 친구가 될 줄 아는 그는 위대한 시인이기에 앞서 호감이 가는 개인이다.

 한편 그는 안온한 생활에 젖어 공동체에 대한 책임감을 잊어버리는 그런 사람이 전혀 아니다. 모든 존재와 친구가 될 줄 아는 그의 마음은 고통받는 백성들에 대해서도 고스란히 관철되고 있다. 그렇기에 하층 농민의 괴로운 삶을 들여다보는 그의 시는, 단순히 목민관으로서 참상을 고발하고 개선책을 촉구하는 데 그치지 않는다. 그의 애민시(愛民詩)를 읽으면, 그가 농민을 위에서 내려

다보는 게 아니라 같은 인간으로서 연민과 애정을 가지고 대하고 있음을 느낄 수 있다.

　이규보의 시와 산문에서는 대상에 대한 여유로운 마음과 긴장된 태도가 조화를 이룬 경지를 종종 발견할 수 있다. 그의 글에서 지적인 긴장은 대상을 보는 시선에 객관성과 날카로움을 부여하고 여유로운 마음은 타자를 대할 때의 따뜻하고 보드라운 심성을 잊지 않도록 한다. 그 결과 이규보의 글은 진리를 드러내되 대상에 상처를 입히지 않는 것이며, 갈등과 분란을 낳지 않으면서 진실을 길어 낼 수 있는 것이다.

　이규보의 시와 산문을 골라 엮은 이 책이, 좋은 사람이며 훌륭한 시인인 그 속으로 들어가는 데 도움이 되길 희망한다.

2006년 11월
김하라

차례

004 간행사
006 책머리에

257 해설
270 이규보 연보
273 작품 원제
278 찾아보기

비 오는 날의 낮잠   詩

- 021 맘에 맞는 일
- 022 죽부인
- 023 비 오는 날의 낮잠
- 025 우연히 읊조리다
- 026 가난하니 빨리 늙는 게 좋고
- 029 오늘이 가면
- 030 고마운 선물
- 032 가죽 옷을 전당포에 맡기고
- 036 책상 위의 세 친구
- 040 알밤 예찬
- 042 철쭉 지팡이
- 044 어느 날 우리 집
- 045 치통
- 047 깨진 벼루
- 048 몽당붓

詩

아이들이 보고 싶어

- 051 먼 데 있는 벗에게
- 052 술꾼의 아내
- 054 저문 봄 강가에서
- 055 어린 아들이 술을 마시다니
- 056 친구의 부채 선물
- 057 어린 딸의 죽음 앞에
- 059 아이들이 보고 싶어
- 062 집 생각
- 063 눈 위에 쓴 이름
- 064 한계사의 노스님에게
- 065 오랜만에 만난 벗에게

시 원고를 불태우고

- 069 잊혀지는 것
- 070 줄 없는 거문고
- 071 백로 그림을 보고
- 073 대지도 내 발을 받칠 수 없고
- 075 자조
- 076 북악에 올라
- 077 거울을 보며
- 078 장터의 은자
- 079 시(詩) 원고를 불태우고
- 080 대머리 노인
- 082 나의 거문고는 곡조가 없어
- 083 조물주에게
- 085 시벽
- 087 병상의 다섯 노래
- 089 바람 빠진 공
- 090 새해 아침에
- 092 우두커니 앉은 내 모습
- 094 눈병으로 시를 짓지 못하다

詩

소를 매질하지 마라

- 097 소를 매질하지 마라
- 099 원님 노릇 즐겁다 마오
- 102 검은 고양이
- 104 늙은 과부의 한숨
- 106 마을 노인에게
- 107 쥐를 놓아주며
- 108 꿀벌
- 109 농부의 말
- 110 농부에게 쌀밥과 청주를 허(許)하라
- 113 햅쌀의 노래
- 114 말의 죽음
- 116 이 잡는 재상
- 118 쇠고기를 어이 먹으리
- 119 네놈들은 입이 몇 개기에

詩

본래 구름과 물을 사랑하니

- 123   동산에서 매미 소리를 듣다
- 124   초가을 새벽에
- 126   객사에서
- 127   낙동강을 지나며
- 128   길을 가다 멈춰 서서
- 130   본래 구름과 물을 사랑하니
- 131   객사에 오두마니 앉아
- 132   경복사 가는 길
- 133   먼 산의 푸른빛
- 134   가랑비 지나고
- 136   바위 틈 시냇물
- 137   긴 봄날
- 139   산을 나서며

詩

동명왕의 노래

- 143   동명왕의 노래

누가 과연 미친 사람인가

- 161 백운거사는 누구인가
- 162 백운거사 어록
- 166 누가 과연 미친 사람인가
- 168 실속 없는 유명세
- 170 과일나무 접붙이기
- 172 온실을 반대한다
- 174 집을 수리하고 나서
- 176 조그만 정원을 손질하며
- 179 정직한 노극청
- 181 시루가 깨진다고 사람이 죽으랴
- 184 아버지를 그리며
- 185 아들의 관에 넣은 글

바위와의 대화

- 189 두려움에 관하여
- 197 꿈에서 본 슬픔
- 200 시(詩)의 귀신아, 떠나 다오
- 206 귀찮음 병
- 209 땅의 정령에게 묻다
- 212 조물주에게 묻다
- 215 봄의 단상
- 218 이상한 관상쟁이
- 223 뇌물 권하는 사회
- 224 바위와의 대화

매미를 놓아주다

- 229 이(蝨)와 개에 관한 명상
- 231 매미를 놓아주다
- 233 바둑이는 들어라
- 236 쥐를 저주한다
- 238 거북 선생의 일생
- 244 누룩 선생의 행복하고 괴로웠던 삶
- 250 질항아리에게 배운다
- 252 술병에 남긴 말
- 253 책상과 나
- 254 조그만 벼루

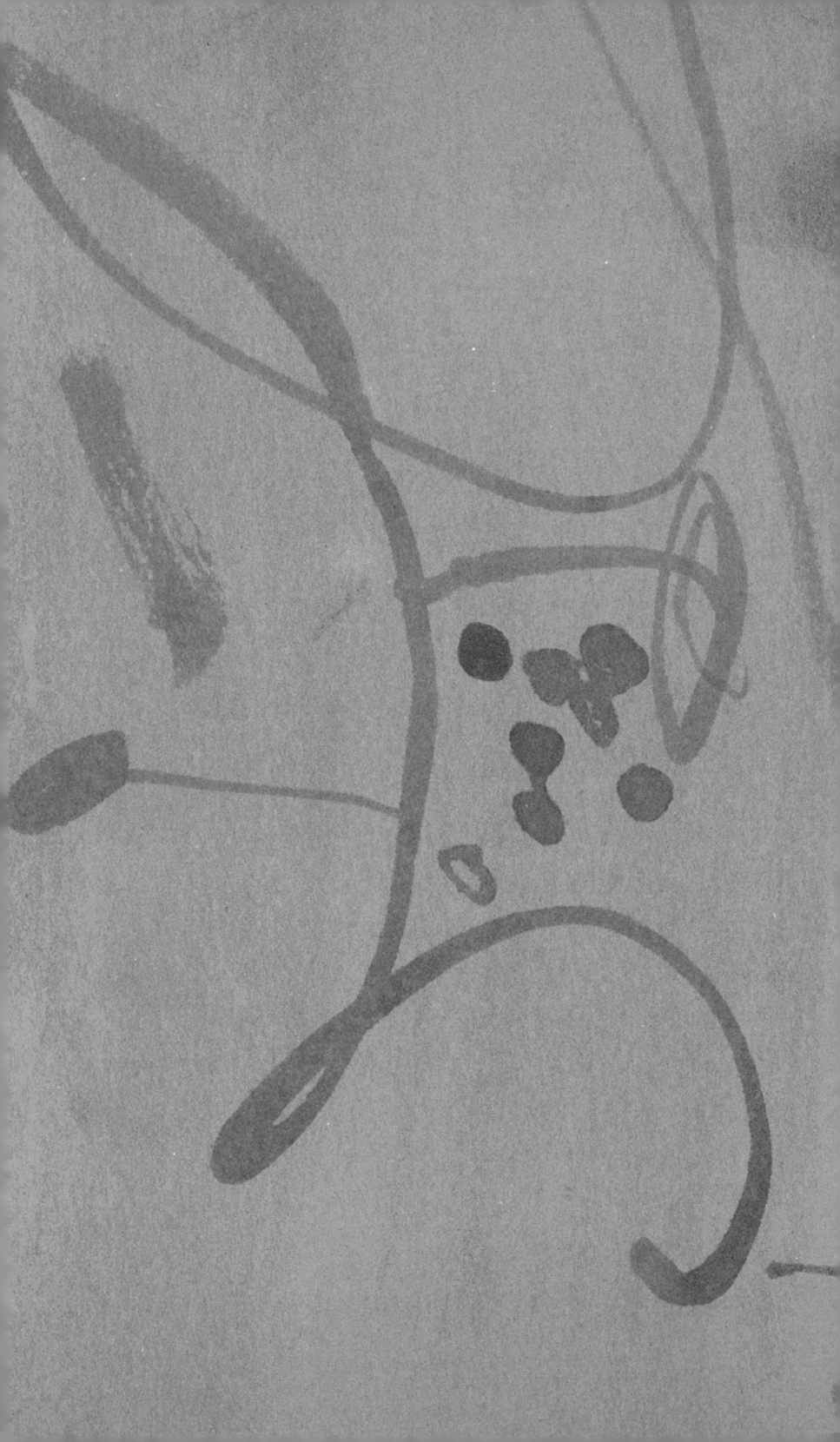

이규보 선집 ― 욕심을 잊으면 새들의 친구가 되네

비 오는 날의 낮잠

詩

맘에 맞는 일

홀로 앉아 거문고 타고
홀로 잔 들어 자주 마시니
이미 내 귀를 저버리지 않았고
또 내 입을 저버리지도 않았네.
들어 줄 친구 꼭 있어야 하나
함께 마실 벗 있어야 하나.
마음에 맞으면 즐겁다는
이 말을 나는 따르겠네.

———

獨坐自彈琴, 獨飮頻擧酒. 旣不負吾耳, 又不負吾口. 何須待知音, 亦莫須飮友.
適意則爲歡, 此言吾必取.

———

이 시의 화자는 자신의 거문고 연주를 들어 줄 친구도, 함께 술잔을 기울일 벗도 없는 외로운 사람이다. 하지만 그는 홀로 충만한 즐거움을 누린다. 즐거움은 외물(外物)에 있지 않고 내 마음에 있기 때문이다.

죽부인

대는 본래 대장부를 비유하였지
참으로 여인네의 이웃 아닌데
어찌하여 대나무로 침구(寢具) 만들어
억지로 부인(夫人)이란 이름 붙였나.
내 어깨와 다리 편안히 기대게 하고
내 이불 속으로 가까이 들어오네.
공손히 밥상 차려 오진 못해도
다행히 내 사랑 독차지하네.
발 없으니 달아나지 않을 터이고
술 끊으라 잔소리할 입도 없다네.
조용한 것이 제일 맘에 들어
얼굴 찡그린 서시(西施)가 무슨 필요람.

竹本丈夫比, 亮非兒女隣. 胡爲作寢具, 強名曰夫人. 搘我肩股穩, 入我衾裯親. 雖無擧案眉, 幸作專房身. 無脚奔相如, 無言諫伯倫. 靜然最宜我, 何必西施嚬.

평소 곁에 두고 사용하는 물건에 대한 아끼는 마음을 해학적으로 표현한 시이다. '서시도 필요없다'는 말은 죽부인에 대한 최고의 찬사이다. 이는 단순한 허풍이나 과장된 우스갯소리라기보다는, 그만큼 죽부인이 선비에게 요긴한 물건이었음을 알려 주는 표현으로 이해된다. 서시(西施)는 중국 월(越)나라의 빼어난 미인인데, 가슴이 아파 늘 찡그린 얼굴이 더욱 예뻤다 한다.

비 오는 날의 낮잠

주룩주룩 낙숫물 소리
낮잠을 방해할 것도 같은데
어째서 빗소리 들릴 땐
유독 잠이 달콤한 걸까?
맑은 날엔 문 닫고 있으려 해도
나가고 싶은 생각 끊이지 않지.
그러니 잠도 깊이 들기 어렵고
언뜻 잠이 들었다가 화들짝 깨지.
그런데 지금은 장마철이라
길이 온통 물바다 됐네.
아무리 친구를 찾아가려 한들
코앞도 천 리처럼 멀기만 한걸.
문 두드리는 소리 들리지 않고
뜰엔 발소리도 나지 않누나.
그러니 잠을 잘 수가 있어
드렁드렁 천둥 치듯 코를 곤다네.
이 맛을 말로 하긴 정말 어렵지

임금인들 어찌 쉽게 알겠나?
임금이 잠 못 자는 건 아니지만
아침마다 신하들과 회의가 있으니.

—

緣霤雨浪浪, 撼耳似妨睡. 云何雨聲中, 徧得睡味美. 晴時雖杜門, 駕言意未强.
自此夢難酣, 假寐或驚起. 獨是霖雨中, 塗路混爲水. 雖欲訪情親, 咫尺卽千里.
門絶客敲扉, 庭無人響履. 所以得於眠, 齁齁雷吼鼻. 此味固難言, 王侯那得致.
王侯豈不能, 朝請安可弛.

시인의 낙천적인 태도가 잘 표현된 시이다. 그침없이 비가 내리는 궂은 날씨가 시인에게 반가울 리 만무하다. 맑은 날에는 바깥을 돌아다니고 싶어 마음이 분주하던 그가 아니었던가. 날의 맑고 궂음은 하늘의 일이므로 사람이 조바심낸다 하여 어찌할 수 있는 바가 아니다. 이를 잘 아는 시인은 불행한 상황 속에서 행복과 즐거움을 찾으려는 노력을 통해 스스로를 위로하고 있는 것이다.

우연히 읊조리다

타고나길 서툴고 솔직하다 보니
고생 속에 인정 세태 알게 되네.
문 닫아 손님을 사절하고
술 빚어 아내와 마주 앉아 마시네.
이끼 낀 오솔길엔 인적이 적고
소나무 동산엔 새소리도 없네.

전원에 돌아갈 계획 늦어 가니
도연명(陶淵明)에게 부끄럽네.
사방을 돌아봐도 작은 이 한 몸뿐
하루에 얼마나 먹는단 말인가.
그런데도 먹고살 길 찾느라
구름 인 푸른 산으로 떠나지 못하네.

—

拙直由天賦, 艱難見世情. 杜門妨客到, 釀酒對妻傾. 苔徑少人迹, 松園空鳥聲.
田園歸計晩, 撕愧晉淵明. 環顧六尺身, 一日能幾食. 尙營口腹謀, 未去雲山碧.

도연명(陶淵明, 365~427)은 중국 동진(東晉)의 시인이다. 그는 생계 때문에 벼슬길에 나가서도 항상 전원(田園)을 그리워하다 결국 벼슬을 그만두고 기쁜 마음으로 고향으로 돌아왔다. 정말 하루에 몇 끼나 먹는다고 언제까지 마음에도 없는 이곳에서 분주하고 구차한 생활을 해야 하는 것일까? 원하지 않는 장소에서 항상 다른 삶을 꿈꾸는 우리에게도 서글픈 위안을 주는 시이다.

가난하니 빨리 늙는 게 좋고

문 닫으니 손님 찾지 않는데
차를 달여 마시자고 스님과 약속했네.
쟁기 메고 다시 농사 배우니
전원에 돌아갈 날 있겠지.
가난하니 빨리 늙는 게 좋고
한가하니 더디 지는 해가 싫구나.
차츰 늙고 병들어 가니
서툴고 게으른 것 이뿐이 아니네.

흥이 일면 거문고 타 보고
무심히 대나무 마주 보네.
깊은 숲에 까마귀 새끼를 치고
고요한 뜰엔 새가 벗을 부르네.
바위에 앉아 해 지도록 시 읊조리고
창 열고 누워 지나가는 구름을 보네.
시끄러운 티끌세상 바로 옆이지만
문 닫으니 도무지 들리지 않네.

섬돌엔 점점이 자줏빛 이끼
오솔길엔 다복다복 푸른 풀 돋네.
남은 생애 꿈처럼 부질없고
허술한 집 정자보다 훤하네.
양식이 바닥난 건 돌아보지 않고
하루라도 술이 깨면 싫어하네.
시를 지었건만 누가 사랑할까
스스로 베갯머리 병풍에 써 두네.

마음 이미 타 버린 곡식1_ 같으니
누가 내게 독모래2_를 뿌리겠는가.
시의 세계에서 늙어 가며
술로 일생 보내려 마음먹네.
세태를 보면서 소리 없이 웃고
계절의 느낌을 한가히 읊네.
집에 있어도 부처가 될 만하니
사령운(謝靈運)3_처럼 벌써 내 집을 잊었다네.

차라리 농사 배우는 늙은이 될지언정
돈 주고 벼슬하긴 부끄럽다네.

1_ 타 버린 곡식: 타 버린 곡식에선 싹이 나지 않는다.
2_ 독모래: 물여우라는 동물은 강가에 살면서 독한 모래를 입에 머금었다가 사람에게 쏘아 대는데, 이 모래를 맞으면 근육이 땅기고 두통이 일어나 심하면 죽음에 이른다고 한다. 독모래란 남을 음해하거나 중상모략하는 행동을 비유한 것이다.
3_ 사령운(謝靈運): 중국 남북조 시대의 자연 시인이다. 그는 불교를 독실하게 믿은바, 집에 머물고 있으면서도 마치 출가한 승려처럼 집을 잊었다 한다.

봉급 받아 사는 건 우리 속 원숭이 같은 일
욕심을 잊으면 새들의 친구가 되네.
깊이 숨길수록 옥은 절로 돋보이고
캐 가지 않는다고 난초가 어찌 슬퍼하랴.
기쁜 일 있다면 똘똘한 어린애들
쫄랑쫄랑 내 평상에 둘러앉은 것.

―

杜門無客到, 煮茗與僧期. 荷未且學圃, 歸田當有時. 貧甘老去早, 閑厭日斜遲.
漸欲成衰病, 疏慵不蕾玆.
寓興撫桐孫, 虛心對竹君. 林深鴉哺子, 園靜鳥呼群. 坐石吟移日, 開窓臥送雲.
塵喧卽咫尺, 閉戶不曾聞.
點點階苔紫, 茸茸徑草靑. 殘生浮似夢, 破屋豁於亭. 不省空囊倒, 猶嫌一日醒.
詩成誰復愛, 自寫枕頭屛.
心已如焦穀, 人誰射毒沙. 老於詩世界, 謀却酒生涯. 默笑觀時變, 閑吟感物華.
在家堪作佛, 靈運已忘家.
寧爲學稼老, 恥作出貨郞. 賦食籠狙類, 忘機入鳥行. 深藏玉自貴, 不採蘭何傷.
獨喜童烏輩, 蹁躚繞我床.

노년의 호젓한 일상을 운치 있게 표현하였다. 티끌세상을 벗어나 홀로 있지만 자연 속에서 느릿느릿 흘러가는 시간은 시(詩)가 있어 적막하지 않다. 마지막 구절에서는 어린 이들과 즐거이 어울리는 맘 좋은 할아버지의 얼굴을 그려 볼 수 있다.

오늘이 가면

내 평생에 슬픈 일은
오늘이 흘러 어제가 되는 것.
어제가 모이면 곧 옛날이 되어
즐거웠던 오늘을 그리워하리.
훗날 오늘을 잊지 않으려거든
오늘을 한껏 즐기자꾸나.

平生我所悲, 今日逝成昨. 昨積便成昔, 應戀今日樂. 欲爲後日忘, 今日極歡謔.

술자리에서 쓴 것이라 오늘을 즐기자는 말로 맺고 있다. 그러나 오늘이 흘러 지난날이 되어 버린다는 말은 쓸쓸한 여운을 남긴다.

고마운 선물

우리 집 번창하던 때엔
향긋한 쌀밥 질노구에 꾹꾹 눌러 지어도
먹기 싫어 수저도 대지 않았거니와
더구나 조밥이야 먹으려 했겠나.
눈처럼 새하얀 명주솜은
열 근이 한 줌에 들 만큼 폭신했는데
소중한 줄 모르고 마구 써 버려
버들개지 날리듯 사라져 버렸네.

이제 이렇게 가난하다 보니
집에는 한 섬의 양식도 없어
굶은 입에 늘 침만 흘리면서
천둥소리 나는 배만 어루만질 뿐.
구월에 서리 오자 하늘 높은데
하룻밤 바람에 나뭇잎 떨어지니
쇳덩이처럼 차가운 홑이불 덮고
꽁꽁 언 자라 모양 웅크리고 있네.

갑자기 도착한 한 통의 편지
내 맘속에 바라던 걸 보내 주었네.
썰렁한 부엌에서 저녁밥 지어
푸른 연기 이제야 지붕에 솟고
얇은 옷에 솜 두어 걸치니
겨울날 따슨 볕을 쬐는 듯하네.
어진 이의 마음이 하도 고마워
구슬 같은 눈물이 줄줄 흐르네.

—

我家全盛時, 壓甑炊香玉, 猒飫不下匙, 況肯喰脫粟. 雪色蜀蠶綿, 十斤方一掬, 費之不甚珍, 柳絮空飄撲.
坐此今困窮, 家無擔石蓄, 饞口長流涎, 浪撫雷鳴腹. 九月霜天高, 一夜風落木, 單衾劇鐵寒, 身若凍鼈縮.
忽得一緘信, 贈我心所欲. 晚炊寒竈中, 青煙始生屋, 披向薄衣中, 如負冬日燠.
爲感仁者心, 蛟眼淚相續.

이규보는 일반적인 사대부들처럼 먹고사는 문제에 대해 관념적으로 초연하게 굴지 않는다. 그렇다고 해서 춥고 배고픈 것에 압도되어 비천한 모습을 보이지도 않는다. 가난한 생활을 노래한 그의 시들은 진솔하고 생동감 있으며 언제나 따뜻한 해학을 잃지 않고 있다.

가죽 옷을 전당포에 맡기고

삼월 십일일
아침거리가 떨어졌네.
아내가 가죽 옷 맡기고 돈 꾸려 하기에
처음엔 내 나무라며 말렸네.
"추위가 아주 갔다면
남들이 이걸 갖고 뭘 하겠으며
추위가 다시 온다면
오는 겨울에 난 어쩌란 말요?"
아내 대뜸 볼멘소리로
"당신 왜 그리 미련해요?
화려하고 고운 옷 아니라도
제 손수 바느질한 것이라
아까운 맘 당신보다 배는 더하답니다.
하지만 먹고사는 일이 더 급한 걸요.
하루에 두 끼니 먹지 않으면
옛사람도 굶주린다 말했답니다.
굶주리면 당장에 죽게 될 텐데

오는 겨울이 다 뭐랍니까."
하인 불러 곧장 내어 주며
잘하면 며칠은 버틸 수 있겠다 하더니
값이라고 받아 온 게 너무 보잘것없어
혹 빼돌렸나 의심하니
하인 녀석은 억울해 하며
전당포 주인이 이렇게 말했다 하네.
"봄 다 가고 벌써 여름 다 됐는데
무슨 가죽 옷을 팔려 하느냐.
추위 막을 대책이나 미리 세우지그래.
나에게 여유 있기에 망정이지
그렇지 않았다면
좁쌀 한 말도 주기 어렵다."
이 말 듣고 너무 부끄러워
눈물이 자꾸 턱에 흐르네.
겨울에 애써 지은 옷
하루아침에 거저 버리고도
배고픈 우리 형편엔 어림도 없어
허기진 아이들 죽 늘어섰다니.
젊었을 때 돌아보면

세상 물정 전혀 몰랐네.
수천 권 책만 읽으면
과거 급제 수염 뽑기보다 쉽다 여겼네.
잘난 척 거들먹거리며
좋은 벼슬 쉬 얻을 줄 알았더니
운명이 왜 이다지도 기구해
앞길이 꽉 막혀 슬퍼해야 할까.
가만히 앉아 반성해 보니
어찌 내 잘못 아니겠는가.
술을 거침없이 좋아해
시작하면 천 잔씩이나 퍼마셨고
평소 마음에 쌓아 뒀던 것
취하면 더 참지 못해
죄다 내뱉고 말았을 뿐
비방이 뒤따르는 줄 몰랐네.
처신이 이러하니
가난해 굶는 것도 당연하지.
아래로는 사람들이 좋아하지 않고
위로는 하늘의 도움 잃었네.
가는 곳마다 흠 잡는 사람들에

하는 일마다 어그러지네.
이는 다 내가 자초한 일
아아! 누굴 원망하랴?
스스로 잘못 꼽아 가며
종아리 세 번 때렸네.
지난 일 후회한들 무슨 소용인가
앞으로나 힘껏 애써 보려네.

―

季春十一日, 廚竈無晨炊. 妻將典衣裳, 我初訶止之. 若言寒已退, 人亦奚此爲.
若言寒復至, 來冬我何資. 妻却恚而言, 子何一至癡. 裳雖未鮮麗, 是妾手中絲.
愛惜固倍子, 口腹急於斯. 一日不再食, 古人謂之飢. 飢則旦暮死, 寧有來冬期.
呼儈卽遣售, 謂可數日支. 所得不相直, 疑儈或容私. 儈顔有慚色, 告以買者辭.
殘春已侵夏, 此豈賣裘時. 早爲禦寒計, 緣我有餘貲. 如非有餘者, 斗粟不汝貽.
我聞慙且恧, 有淚空沾頤. 三冬織紝功, 一旦棄如遺. 尙未救大歉, 立竹羅飢兒.
反思少壯日, 世事百不知. 讀書數千卷, 科第若摘髭. 居然常自負, 好爵謂易縻.
胡爲賦命薄, 抱此窮途悲. 端心反省己, 亦豈無瑕疵. 嗜酒不自檢, 飮輒傾千巵.
平日心所蓄, 及醉不能持. 盡吐而後已, 不知譏謗隨. 行身一如此, 窮餓亮其宜.
下不爲人喜, 上不爲天毗. 觸地皆站䫑, 無事不參差. 是我所自取, 嗟哉又怨誰.
屈指自數罪, 擧鞭而三笞. 旣往悔何及, 來者儻可追.

――――
"먹고사는 일이 더 급한걸요"라는 아내의 말과, 가장으로서의 책임을 다하지 못한 걸 부끄러워하며 눈물 흘리는 남편의 모습이 마음을 움직인다.

책상 위의 세 친구

석창포(石菖蒲) 작은 화분

모든 식물의 자람과 시듦은
땅이 메마르냐 기름지냐에 달렸지.
토질이 좋은 곳에 심고 나서도
병들지나 않을까 걱정하게 마련.
아! 너는 이런 이치와 달라
타고나길 기름진 땅과는 맞지 않구나.[1]
조그만 화분의 밑바닥부터
돌흙을 차곡차곡 채워 넣으니
여기가 너의 뿌리 내릴 곳
땅의 기운이 어디로 올라올까 싶은데
푸른 잎 자라나 무성해지니
그래도 한 자쯤은 자라겠구나.
새벽녘 맑은 이슬 가장 귀여워
송골송골 구슬처럼 맺혀 있구나.
쓸쓸한 책상 위에서

1_ 타고나길~않구나: 석창포는 원래 냇가에서 자라는 풀이라 모래땅을 좋아하고 기름진 땅에서는 잘 자라지 않는다.

오래오래 나와 서로 의지하자꾸나.

―

凡物之榮悴, 皆因地瘠肥. 土肉厚封植, 猶恐有時腓. 嗟爾異於是, 性與膏泥違.
區區硬盆底, 鑿鑿碎石圍. 是汝託根處, 地脈安所歸. 綠葉滋暢茂, 尋尺猶可希.
最愛淸曉露, 團團綴珠璣. 蕭然几案上, 永與我相依.

청자(靑瓷) 연적

푸른 옷의 자그만 아이
고운 옥으로 살결을 만들었나.
꿇어앉은 모습 아주 공손하고
눈매와 콧날 또렷하구나.
하루 종일 지친 기색도 없이
물병 들고 벼룻물 떠다 바치네.
내 본디 읊조리길 좋아하여
날마다 천 수(首) 시를 지었단다.
벼룻물 떨어져 게으른 종 불러 대도
게으른 종은 귀먹은 시늉만.

천 번 불러도 대답이 없어
목이 쉬고서야 그만두었지.
네가 내 곁에 있어 준 뒤론
내 벼루가 날마다 찰랑인단다.
네 은혜 무엇으로 갚아 줄까나
조심조심 간직해 깨뜨리지 말아야지.

―

幺麼一靑童, 緻玉作肌理. 曲膝貌甚恭, 分明眉目鼻. 竟日無倦容, 提甁供滴水.
我本好吟哦, 作詩日千紙. 硯涸呼倦僕, 倦僕佯聾耳. 千喚猶不應, 喉嗄乃始已.
自汝在傍邊, 使我硯日泚. 何以報爾恩, 愼持無碎棄.

대나무 벼룻갑

눈서리 오래 겪은 외로운 대나무를
남쪽 사람들이 경솔히 베어 냈네.
너의 소원 무엇인지 물어봤더니
온갖 일들 모두 다 싫다 하였네.
"사람들 부는 피리 되면

입술과 혀 닿으니 창피하다오.
아이들 타고 노는 죽마(竹馬)가 되면
가랑이 사이 통과하니 못난이라오.
내 소원은 책상 위를 오고 가면서
날마다 시인(詩人)과 친해지는 것."
이 마음 몹시도 아름다우니
마땅히 서재(書齋)에 두어야겠네.
내 벼루에 먼지 앉지 않게 해 주어
벼룻물 정결하게 지켜 주누나.
운수도 적어 보고 시(詩)도 짓느라
잠시도 쉴 새 없어 팔이 빠질 듯.
너로 인해 벼슬을 얻게 된다면
너의 굳은 절개를 본받으리라.

—

孤竹飽霜雪, 南人輕翦截. 問爾心所屬, 凡百皆不悅. 被人作笛吹, 恥趁脣與舌.
被兒作馬騎, 出胯無奈劣. 願來几案間, 日與詩人媒. 此意有足嘉, 宜備書筵設.
障我硯中塵, 使我硯池潔. 占書與裁詩, 腕脫不容輟. 緣汝若得官, 效爾堅貞節.

―――

석창포는 등불의 그을음을 빨아들여 눈이 따갑지 않도록 해 주었기에 옛사람들이 책상
위에 즐겨 놓아두었던 식물이다. 책상 위의 화분과 연적, 벼룻갑 등 자그만 사물에 마음
붙이는 시인의 다감한 모습이 오롯이 그려진다.

알밤 예찬

잎은 여름에 돋고
열매는 가을에 익네.
방울의 틈처럼 쩍 벌어진 밤송이
그 안에 매끈한 알밤 감춰져 있네.
제사상엔 대추와 함께 올라가고
시부모님 선물로 개암과 더불어 쓰이네.
손님 대접에만 쓰는가 뭐
우는 아이 그치게 할 때도 그만이지.
밤나무 천 그루면 제후(諸侯)도 부럽잖고
만인의 굶주림도 구제하기 충분하네.
맛이 좋아 자꾸만 집어 들어
껍질 쉬이 벗기려 어금니로 깨문다네.
화롯불 속에 묻어 두고
솥에다 삶기도 하네.
처음 주울 땐 원숭이가 빼앗아 가고
갈무리해 뒀더니 쥐가 노리네.
가시가 촘촘하다 꺼리지 마라

엿처럼 달콤한 맛 좋아한다네.
한무제(漢武帝)의 커다란 밤 열다섯 개면 한 말[斗] 됐고
진(秦)나라 기근 때엔 밤을 풀어 백성 살렸네.
마땅히 곡식과도 맞먹는데
어찌 아가위나 배 따위에 비하리.
고슴도치 같은 밤송이 모으면
땔감으로 쓸 수도 있지.

—

葉生朱夏候, 實熟素秋時. 罅發呀鈴口, 苞重祕玉肌. 饋簜兼棗設, 女贄與榛隨.
不但供來客, 偏工止哭兒. 堪將千戶等, 足濟萬人飢. 握重緣貪味, 牙銛易襯皮.
煨憑爐底火, 烹代竈中炊. 始拾遭猿奪, 收藏杜鼠窺. 莫嫌攢刺棘, 聊愛蘊甘飴.
品入三秦錄, 名標五苑奇. 尙宜方穀粒, 詎可譬楂梨. 遺殼蝟毛積, 薪樵尙可期.

이규보는 이 시를 짓게 된 이유를 다음과 같이 말하고 있다. "밤은 사람에게 이로움이 많으니 아가위(산사나무의 열매)나 배, 귤이나 유자처럼 목만 잠깐 축여 주는 과일과는 다르다. 그러나 옛날 사람들의 시집(詩集)에 밤을 읊은 것이 대체로 적기에 내가 읊어 본다."

철쭉 지팡이

봄 내음 감도는 꽃가지 하나 꺾어
지팡이 깎으니 그야말로 보물이네.
꽃가지야 늙은이 따라다님을 원망 마라
나 또한 예전부터 박복한 몸이란다.

활짝 핀 꽃송이로 온통 봄을 채우더니
늙은이의 보물 될 줄 생각이나 했겠느냐.
사람 마음 아프게 하던 꽃도 늙어서
어느덧 한가한 내 몸 부축해 주네.

조용히 산사 찾아 봄에 취하는데
나도 몰래 빨라진 걸음 지팡이가 보물일세.
좋은 경치 구경하며 늙어 가노니
평생 나와 함께해 줘 고맙기만 해.

늘그막에 게을러 봄날 흙인형처럼 꼼짝도 안 했는데
육 척의 늙은 몸이 점점 절로 소중해져.

한 걸음도 지팡이에 의지하다 보니
지팡이가 내 몸 되겠네그려.

―

減却花中一朶春, 削成手杖尙堪珍. 芳情莫恨隨殘叟, 我亦從前薄倖身.
繁英曾占十分春, 豈擬終成老境珍. 惱盡人情花亦老, 却來扶我一閑身.
靜尋山寺醉尋春, 步捷方知杖是珍. 觸境歸來堪送老, 感君專與百年身.
晩年慵似泥人春, 六尺殘軀漸自珍. 寸步尙期扶杖起, 都將柱杖作吾身.

시인에게는 지팡이 하나도 그저 생명 없는 나무 막대가 아니다. 꺾이기 전에는 마음이 아프도록 아름다운 꽃을 피우던 눈부신 철쭉나무였고, 지금은 자신과 마음을 주고받으며 늙고 지친 자신을 부축해 주는 자신의 소중한 일부이다.

어느 날 우리 집

귀여운 딸애 나비 쫓으니 너울너울 날아가고
어린 아들 매미 잡으니 맴맴 울어 댄다.
남은 책 한 권 졸면서 읽으니
어느새 웅얼웅얼 잠꼬대로 변해 간다.

―

嬌娘撲蝶翩翩落, 稚子黏蟬軋軋鳴. 一卷殘書和睡讀, 依俙漸作寢中聲.

한가로운 여름날 뜰에서 노는 어린 아이들을 흐뭇하게 지켜보다가 문득 생각난 듯 읽던 책으로 눈을 돌리지만 이내 꾸벅꾸벅 졸고 마는 아버지의 모습이 눈앞에 그려진다. 평화로운 광경이다.

치통

사람은 먹어야 살고
먹으려면 반드시 씹어야 한다.
이가 아파 먹지를 못하니
하늘은 나더러 죽으라는 건가.
단단하면 꺾이는 건 변함없는 이치지만
늙어 합죽이 되니 더욱 부끄럽네.
아직 몇 개가 남아 있지만
흔들려서 뿌리가 붙어 있지 못하더니
이제 다시 아파 오니
덩달아 두통까지 일어나네.
찬물도 마실 수 없고
뜨거운 국도 맛볼 수 없네.
죽도 열기를 식힌 뒤에야
겨우 입에 댈 수가 있네.
하물며 고기를 씹을 수 있으랴
고기가 있지만 그저 도마에 놓아 둘 뿐.
이 진정 늙어서 그런 것이니

이 몸이 없어져야 치통(齒痛)도 끝나리.

―

人以食而生, 食必以其齒. 齒痛莫加飱, 天殆使我死. 剛折亦云經, 老豁更堪恥.
餘有幾箇存, 浮動根無寄. 今者又復痛, 延及頭亦爾. 水寒不可飮, 湯亦不可試.
糜粥候冷熱, 然後僅能舐. 矧可齦肉爲, 有肉空在杫. 是實老所然, 無身始洒已.

치통이 괴로운 것은 단지 육체적 고통 때문만은 아니다. 시인은 치통을 통해 일종의 아이러니를 느끼고 그 때문에 더욱 답답하고 괴로웠던 것 같다. 사람은 먹어야 사는데, 하늘은 나에게 생명은 붙여 두고 먹을 수 있게 하는 이는 빼앗아 버렸다. 이런 상황이 시인에게는 이해하기 힘든 아이러니인 것이다. 정신은 그대로인데, 육신의 고통으로 아무것도 못할 지경이 된 시인의 안타까운 심경이 잘 표현되었다.

깨진 벼루

떨어뜨려 어쩔 수 없게 된 것을
버리지 못하고 가지고 있네.
시 짓는 마음이 깨지지 않았다면
무슨 돌인들 먹 갈지 못하랴.

―

墮落已無及, 提携未遽捐. 詩腸如未破, 何石不堪硏.

벼루에 정이 들어 깨어져도 내다 버리지 못하고 간직하는 것이다. 한 귀퉁이가 깨어졌어도 여전히 먹을 가는 데 사용되는 벼루에, 늙고 병들었어도 시 짓는 마음만은 온전한 이규보 자신의 모습이 투영되어 있다.

몽당붓

이 붓 어찌 함부로 던져 버리랴
나를 재상으로 만들어 주었는데.
이제 내 머리도 똑같이 벗겨졌으니
두 늙은이 서로 친하게 지내면 되겠네.

―

此筆那輕擲, 能成宰相身. 今吾頭亦禿, 兩老合相親.

늙은 자신과 모지라진 붓을 동일시하는 시선이 쓸쓸하면서도 따뜻하다. 사소한 사물에 마음을 불어 넣고 그 사물과 맘을 주고받는 그의 상상력이 경이롭다.

아이들이 보고 싶어

詩

먼 데 있는 벗에게

마음은 먼 구름 따라 만 리 길을 떠나고
눈물은 빈 뜰의 궂은비처럼 쏟아진다.
한번 그대와 헤어진 후 누구와 이야기하랴
눈앞에는 그 옛날의 반가운 얼굴 하나 없네.

―

心將萬里長雲遠, 淚逐空庭密雨零. 一別君來誰與語, 眼中無復舊時靑.

이 시에서 그리워하는 벗은 오세재(吳世才, 1133~?)이다. 오세재는 자(字)가 덕전(德
全)으로, 평생 벼슬을 얻지는 못했지만 당시 이름 높은 학자이자 시인이었다. 이규보는
"오덕전 선생을 처음 뵈었을 때 나는 고작 열여덟 살이었고 그분은 이미 쉰셋이었다.
그래서 어른으로 모시고 섬기려 하였으나 그분은 받아들이지 않고 망년(忘年: 나이를
잊음)의 친구로 대해 주셨다"라고 그를 회상하였다.

술꾼의 아내

당신은 그 옛날 주태상(周太常)[1]의 일을 아오?
몸을 깨끗이 한다며 일 년 삼백오십구 일을 아내와 각방을 썼다오.
당신은 오늘날 이규보의 일을 아오?
일만 팔십 일을 취했다 오늘 다행히 술이 깨었소.
주태상의 아내는 되지 않을 일
한번 엿본다고 불호령 내리니.
이규보의 아내는 되지 않을 일
취해 쓰러져 함께해 주지 않으니.
저쪽은 너무 맑고 이쪽은 미치광이니 비록 다르지만
평생 아내와 함께하지 않는 건 마찬가지라오.
차라리 양홍(梁鴻)[2]의 아내가 되지 그랬소
초라한 삼베 치마에 나무 비녀도 부끄러워 않으며
어진 남편과 어진 아내 어울리니 즐거움 넉넉하고
공손히 밥상 차려 올릴 수도 있으니.

1_ 주태상(周太常): 중국 한(漢)나라 때 태상(太常: 궁궐의 제사를 관장하는 벼슬)을 지낸 주택(周澤)이다. 한번은 그의 아내가 남편이 걱정되어 남편의 일터로 찾아갔더니 그는 금기를 범했다며 아내를 몹시 꾸짖었다 한다.
2_ 양홍(梁鴻): 한(漢)나라 때 사람으로, 가난하지만 마음이 곧고 학식이 깊은 사람이었다. 부잣집 딸인 맹광(孟光)과 결혼하였는데, 부부가 함께 검소하고 부지런하게, 서로 존중하며 살았다고 한다.

君不見昔時周大常, 一年三百五十九日齋而淸. 又不見今時李春卿, 閱歲一萬八十日, 今日幸而醒. 莫作大常妻, 一窺怒犯齋. 莫作春卿婦, 醉倒不與偕. 彼淸我狂雖或異, 於婦均是生不諧. 不如却作梁鴻妻, 不恥布裙與荊釵, 賢相敵歡有餘, 擧案與眉齊.

이규보는 하루 동안 술을 마시지 않은 것을 기념하여 이 시를 썼다. 농담처럼 하는 말 속에 아내에 대한 미안함과 고마움이 담겨 있다.

저문 봄 강가에서

늦은 봄 떠나는 벗 보내고 오니
눈앞 가득 고운 풀에 맘이 아프네.
훗날 조각배 돌아오거든
뱃사공이여 알려 주소.
안개 낀 강 아스라이 천 리를 흐르고
마음은 버들개지인 양 어지러이 날리네.
하물며 꽃 지는 시절에
사람 보내고 연연하지 않겠나.
노을은 햇빛 비쳐 붉게 흐르고
먼 강물은 하늘만큼 푸르네.
강가의 버드나무 수없는 푸른 실은
내 마음 얽매어 머물게 하네.

暮春去送人歸, 滿目傷心芳草. 扁舟他日歸來, 爲報長年三老. 煙水渺瀰千里, 心如狂絮亂飛. 何況落花時節, 送人能不依依. 殘霞映日流紅, 遠水兼天鬪碧. 江頭柳無限絲, 未解絆留歸客.

해마다 시들었다가 봄이 되면 어느새 다시 돋아나는 풀은 사라지지 않는 그리움의 상징이다. 그러기에 벗을 보내고 돌아오는 길, 눈에 가득히 비쳐 드는 초록빛 고운 풀이 마음을 아프게 하는 것이다.

어린 아들이 술을 마시다니

젖니도 갈지 않은 녀석이 벌써 술을 마시다니
앞으로 창자가 썩을까 걱정이다.
네 아비가 취해 쓰러지는 건 배우지 마라
한평생 남들이 미치광이라 한단다.
한평생 몸 망친 게 오로지 술 때문인데
너조차 좋아할 건 또 무어냐.
삼백이라 이름 붙인 걸 이제야 뉘우치노니
아무래도 매일 삼백 잔씩 마실까 걱정이 된다.

—

汝今乳齒已傾觴, 心恐年來必腐腸. 莫學乃翁長醉倒, 一生人導太顚狂. 一生誤身全是酒, 汝今好飮又何哉. 命名三百吾方悔, 恐爾日傾三百杯.

이규보는 28세이던 1195년 어느 날 오세문(吳世文, 오세재의 형)의 삼백 운(韻) 시에 화답하여 역시 삼백 운이나 되는 장편 시를 썼다. 그런데 이날 아들이 태어나자 그 일을 기념하여 아들에게 삼백(三百)이란 이름을 붙여 주었다. 훌륭한 시인(詩人)이 되라는 뜻에서 붙인 이름인데 아들은 엉뚱한 데서 이름값을 하려는 것 같다.

친구의 부채 선물

우리의 사귐 물처럼 맑고
둥근 부채는 서리처럼 희다.
밤이 아닌데도 보름달을 늘상 보겠고
가을 오기 전에 바람 절로 서늘하겠네.
그대의 마음 얼음처럼 맑아
만나면 울적한 마음 씻어 주더니
다시 마음의 가을까지 보내어
양손에 둥근 달을 들려 주었네.

—

交情淡若水, 團扇皎如霜. 不夜月長滿, 先秋風自涼. 君心眞似氷, 相對洗煩鬱, 更贈一襟秋, 留爲雙手月.

서리처럼 하얗고 가을 달처럼 둥근 부채에 얼음처럼 맑디맑은 친구의 마음까지 담겨 있으니 굳이 번거롭게 부채질을 하지 않아도 절로 시원해질 것 같다.

어린 딸의 죽음 앞에

딸아이의 얼굴 눈송이와 같고
총명함도 이루 다 말할 수 없었네.
두 살에 벌써 말할 줄 알아
앵무새처럼 종알거렸고
세 살에 수줍음을 알아
문 밖에 나가 놀지 않았으며
올해 막 네 살이 되어
제법 바느질도 배웠지.
어쩌다 그런 널 빼앗기게 됐나
번개가 명멸하듯 갑작스럽기만 하네.
어린 새를 떨어뜨려 살리지 못하고야
둥지가 허술했음을 깨닫네.
세상 이치를 배운 나야 조금 괜찮지만
아내의 울음이야 언제 그치려나.
내가 보니 저 밭에
처음 싹이 돋을 때에
바람이나 우박이 불시에 덮치면

땅을 때려 모두 꺾여 파묻히게 되네.
조물주가 이미 태어나게 했으면서
조물주가 또 갑자기 빼앗아 가니
인생의 영고성쇠(榮枯盛衰)는 본디 덧없고
만물의 변화도 거짓말 같네.
왔다가 떠나는 일 모두 허깨비일 뿐
이젠 끝이니 영영 이별이네.

―

小女面如雪, 聰慧難具說. 二齡已能言, 圓於鸚鵡舌. 三歲似恥人, 遊不越門閫.
今年方四齡, 頗能學組綴. 胡爲遭奪歸, 倏若駭電滅. 春雛墮未成, 始覺鳩巢拙.
學道我稍寬, 婦哭何時輟. 吾觀野田中, 有穀苗初苗. 風雹或不時, 撲地皆摧沒.
造物旣生之, 造物又暴奪. 枯榮本何常, 變化還似謫. 去來皆幻爾, 已矣從此訣.

네 살배기 딸의 죽음을 슬퍼하며 쓴 시이다. 시인은 어린 싹을 돋게 하였다가 다시 그것을 꺾어 버리는 자연의 어질지 못함을 언급하면서, 그러한 어질지 못함과 덧없음 또한 조물주의 이치이며 그 속에서 어린 딸의 죽음 역시 어쩔 수 없는 것이라고 말하고 있다. 이것은 깊은 슬픔 때문에 생긴 의식의 불균형을 애써 바로잡으려는, 자식 잃은 아비의 안타까운 모습일 터이다.

아이들이 보고 싶어

1

나에게 어린 딸 하나 있는데
벌써 아빠 엄마 부를 줄 안다네.
내 무릎에서 옷을 당기며 놀고
거울 앞에서 엄마 화장을 흉내 내네.
떠나온 지 이제 몇 달인가
문득 내 곁에 있는 것 같구나.
나는 본래 방랑하는 선비로
외로이 타향살이하네.
수십 일을 술에 취하기도 하고
한 달을 몸져눕기도 했네.
머리 돌려 서울을 바라보니
산천은 푸르러 아득하구나.
오늘 아침 불현듯 네가 생각나
흐르는 눈물 옷깃을 적시누나.
마부야 얼른 말을 먹여라

돌아갈 마음 날로 더욱 바빠진다.

―

我有一弱女, 已識呼爺孃. 牽衣戲我膝, 得鏡學母粧. 別來今幾月, 忽若在我傍.
我本放浪士, 落魄寓他鄕. 沈醉數十日, 病臥三旬强. 廻首望京闕, 山川鬱蒼茫.
今朝忽憶汝, 流淚濕我裳. 僕夫速秣馬, 歸意日轉忙.

2

내 사랑하는 아들
그 이름 삼백이.
장차 우리 이씨 가문 일으킬 아이
너 나던 날 엄마는 너무 힘들었단다.
갓 태어난 너 골격과 이마가 잘생겼고
반짝이는 눈에 얼굴은 얼마나 희었는지.
뛰어난 세 학사(學士)가
잔치에 와 국수를 드셨단다.
시를 지어 득남을 축하해 주니
그 소리 아름답게 울렸지.

1_ 원진(元稹)·백거이(白居易): 중국 당나라 때의 유명한 시인.

너도 그분들과 비슷해져서
원진(元稹)·백거이(白居易)1_ 같은 시인(詩人) 되려무나.
내 평소 얼굴 펼 날 적었는데
너를 얻고 많이 웃고 농담도 한다.
가끔 남에게 자랑도 하니
자식 칭찬하는 버릇 생긴 건 처음이란다.
한여름 오월에
처음으로 서울을 떠나왔지.
만 리의 나그네 되어 세월만 보내다가
문득 서리에 물든 단풍잎을 보았다.
시절은 날로 바뀌는데
내 병은 날로 깊어만 가누나.
네 이마 쓰다듬을 수 없으니
슬퍼서 가슴이 아프단다.

—

我有一愛子, 其名曰三百. 將興指李宗, 來入驚姜夕. 爾生骨角奇, 眼爛面復晳.
磊落三學士, 作爾湯餠客. 綴詩賀弄璋, 詞韻鏘金石. 願汝類其人, 才名轄元白.
我生少展眉, 得汝長笑譃. 往往向人誇, 始得譽兒癖. 仲夏五月天, 初別長安陌.
遷延客萬里, 忽見霜葉赤. 時節日遷代, 我病日云劇. 無由撫犀顱, 惻惻傷腦膈.

'삼백이'는 이규보의 맏아들로 이름은 '관'(灌)이다. 이 아이는 「어린 아들이 술을 마시다니」에도 등장한다. 이규보가 매우 사랑한 아들이었으나 불행히도 요절했다. 과거에는 아기가 태어나면 친척과 친지들이 모여 국수를 먹으며 축하하는 풍습이 있었다 한다.

집 생각

편지는 이제 세 번 왔는데
달은 벌써 다섯 번이나 기울었네.
쓸쓸한 울타리엔 국화 몇 송이 이슬에 젖고
싸늘한 나무엔 배가 서리 맞아 익어 가리.
새까만 머리칼의 딸아이 제일 생각나고
이마 훤한 아들놈도 그립구나.
성 동쪽 모퉁이 우리 집
누가 즐겨 이엉을 이어 주려나.

―

雁信方三到, 蟾輪已五虧. 荒籬殘露菊, 寒樹爛霜梨. 最憶鴉頭女, 還懷犀角兒.
城東一區宅, 誰肯葺茅茨.

두고 온 집의 쓸쓸한 풍경에는 집을 떠난 이규보의 걱정 섞인 그리움이 배어 있다. 이엉이란 초가집의 지붕이나 담을 이기 위하여 엮은 짚이다. 해마다 추수를 하고 나면 볏짚을 모아 지붕을 새로 이어 주어야 했는데, 지금 자신이 집에 가서 해 줄 수 없으니 걱정스러워하고 있는 것이다.

눈 위에 쓴 이름

눈빛이 종이보다 희길래
채찍을 들어 내 이름 써 두니
바람이여 제발 눈 쓸지 말고
주인이 돌아올 때까지 기다려 주렴.

―

雪色白於紙, 擧鞭書姓字. 莫敎風掃地, 好待主人至.

―

눈 오는 날 벗을 찾아갔으나 만나지 못하고 집 앞 쌓인 눈 위에 제 이름을 써서, 왔다 감을 알린 것이다. 구태여 눈 위에 이름을 적고, 행여 그것이 지워질까 걱정하는 것은, 종이보다 흰 눈빛을 보고 느낀 아름다운 정취와 언어로 이루 다 표현할 수 없는 순간적인 감흥을 나중에 돌아올 친구와 나누고 싶었기 때문이 아닐까.

한계사의 노스님에게

안개 같고 구름 같은 내 마음 하늘에 노닐어
옥 새장에 금 자물쇠도 나를 잡아 두지 못하네.
나 평소 원결(元結)을 본받아
한계(寒溪)로 떠나 허랑한 서생(書生)이라 불리고 싶었네.
한계사의 스님을 우연히 여기서 만나
즐거워 눈썹 펴고 함께 웃누나.
남은 술 한 잔이야 참선에 방해될까
그 말솜씨 시원한 바람 같아 더욱 좋아라.
함께 있느라 해 지는 줄 몰랐더니
십 리 길 푸른 안개 저녁 빛을 재촉하네.
다시는 한계를 그리워하지 않아도 되리
스님의 눈빛이 한계보다 더 푸르니.

―

霞想雲情逸天半, 玉籠金鎖莫我絆. 平生自學元次山, 欲往寒溪稱浪漫. 寒溪主人偶此逢, 聊復軒眉一笑同. 禪味何妨飮餘滴, 談鋒更愛生雄風. 相從不覺西日側, 十里青煙催晩色. 不須更憶寒溪遊, 見公眼色奪溪碧.

―

계곡물처럼 맑은 스님의 눈빛이 보이는 것 같다. 한계사(寒溪寺)는 강원도 한계령(寒溪嶺) 중턱에 있던 절로서, 지금은 터와 석탑들만 남아 있다. 원결(元結, 723~772)은 당나라의 시인인데 벼슬아치로 인정을 받았으나 늙으신 부모님을 모시기 위해 벼슬을 버리고 전원으로 돌아가 책을 벗 삼아 살았다 한다.

오랜만에 만난 벗에게

부러워라 자넨 아직 소년 같아
맑은 모습 바람 부는 나무와 같네.
슬퍼라 나는 점점 가을처럼 되어
머리숱 줄어드니 셀 수도 있겠네.
서로 만나 웃고 얘기하다 문득 깨닫나니
이십사 년이 정말 번개같이 흘렀네.
옛날 어울리던 친구들
어디로 구름같이 흩어졌나.
오직 우리 둘만 남아
옛날같이 마주 보고 앉았네.
서울서 함께 다니면서
흰 옷에 티끌 먼지 얼룩졌구나.
한 달을 장마가 그치지 않아
온 나무에 푸른 안개 가득한 저녁.
이때에 자네를 찾아왔는데
어찌 차마 작별하고 떠나가겠나.
그대 집 좋은 술에 흠뻑 취해서

내 갓이 삐뚤어진 것도 잊었네그려.
세상 인연일랑 말하지 말게
어딜 가나 다 험한 산길이라네.

―

羨君猶少年, 蕭洒臨風樹. 嗟我漸素秋, 衰髮稀可數. 相逢笑彈指, 二紀眞電露.
昔年交遊輩, 雲散各何處. 唯殘二人在, 顔色坐成故. 共遊京洛中, 風塵化衣素.
三旬密雨天, 萬木蒼煙暮. 此時訪君來, 何忍辭君去. 借君醉鄕留, 忘我儒冠誤.
愼莫談世緣, 俱是孟門路.

아직도 푸른 나무 같은 예전 모습을 변함없이 지키고 있는 친구의 맑은 얼굴과, 이 짧은 만남이 끝나고 나면 다시 들어가야 할 험한 산길 같은 세상이 대비되면서 쓸쓸한 마음이 든다.

시 원고를 불태우고

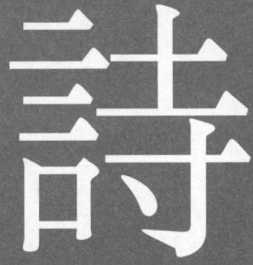

잊혀지는 것

세상 사람 모두 나를 잊어버리니
세상 속 이 한 몸 덩그러니.
어찌 남들만 나를 잊겠나
형제도 나를 잊는 것을.
오늘은 아내가 나를 잊고
내일은 내가 나를 잊을 테지.
이런 뒤엔 온 천지 안에
친한 이도 서먹한 이도 없으리.

―

世人皆忘我, 四海一身孤. 豈唯世忘我, 兄弟亦忘子. 今日婦忘我, 明日吾忘吾.
却後天地內, 了無親與踈.

'잊혀짐'은 나를 옥죄는 조그만 '나'의 경계를 허물고 우주와 한 몸이 되어 지극히 자유
로운 경지로 나아가는 과정일 터이다.

줄 없는 거문고

우주(宇宙)라는 악기(樂器)엔 소리 없는데
천지의 구멍들 울려 음악이 되네.
오동은 본래 고요하지만
명주실 매어 둥기둥 소리 나네.
나는 줄 없는 거문고를 사랑하여
맑은 시냇물 노래를 타네.
지음(知音)이 듣는 것도 바라지 않고
속물이 듣는 것도 꺼리지 않네.
그저 내 마음을 쏟아
애오라지 한두 줄 뚱겨 본다네.
곡이 끝나면 또 고요히 침묵하니
아득히 옛사람의 뜻과 맞네.

―

天籟初無聲, 散作萬竅鳴. 孤桐本自靜, 假物成摐琤. 我愛素琴上, 一曲流水淸.
不要知音聞, 不忌俗耳聽. 只爲寫我情, 聊弄一再行. 曲終又靜默, 夐與古意冥.

이 시의 구성에서는 소리와 침묵이 교차되고 있는 점이 눈에 띈다. 침묵과 소리가 함께 어울려 진정한 음악을 이루는 것이니, 고요함 역시 아름다운 음악이고 줄 없는 거문고 역시 훌륭한 악기인 셈이다.

백로 그림을 보고

생각나누나 지난번 강남에서
안개 낀 포구에 조각배 댄 일.
서리 맞은 줄풀이 맑은 물에 어리는데
백로 한 쌍 있었지.
조용히 옥색 다리 들고
유유히 은빛 깃 씻고 있었네.
시구(詩句)로 그려 내고 싶어
오래 웅얼거리며 애를 썼지.
모양은 비슷하게 그려 냈어도
정말 아름다운 것은 표현하지 못했었는데.
화가는 정말 훌륭하구나
내가 표현하지 못한 것도 그려 냈으니.
눈동자 살아서 힘이 넘치고
우뚝 서서 씩씩하게 앞을 보누나.
여위었어도 골격이 있고
날지 않아도 멀리 그리는 마음 느껴지네.
그래도 소리를 그리긴 어려워

우는 모습만 그려 냈구나.
내 어찌 일 만들기 좋아 시를 쓰겠나
그림 속의 정취를 표현하고 싶어서지.
그림은 사람마다 가질 수 없지만
시는 어디든 나눠 줄 수 있다네.
시를 보는 것이 그림 보는 것과 같다면
만고(萬古)에 전해지기 충분하겠지.

—

憶昔江南天, 扁舟泊烟浦. 霜菰映淸淺, 中有雙白鷺. 靜翹綠玉脛, 閑刷白銀羽.
擬將詩句摹, 久作猿吟苦. 寫形雖髣髴, 佳處殊未遇. 畵工眞可人, 到我所未到.
眼活而有力, 聳立勇前顧. 肉瘦而有骨, 未起已遐慕. 就中畵聲難, 解作啼態度.
我詩豈好事, 聊寫畵中趣. 畵難人人蓄, 詩可處處布. 見詩如見畵, 亦足傳萬古.

문학과 미술에 대한 시인의 시각을 엿볼 수 있는 흥미로운 시이다. 미술과 문학이 예술의 범주 안에서 '참된 아름다움의 재현'이라는 같은 목적을 추구하고 있다는 점, 그리고 문학이 미술보다 좀 더 보편성을 가지고 많은 사람에게 소유될 수 있다는 점을 드러내고 있다.

대지도 내 발을 받칠 수 없고

나 옛적 어느 곳에 있었던가?
피리 소리 울리는 까마득한 천상의 궁전.
하늘의 음악 소리에 꿈이 한창 달더니
누가 나를 끌어내 티끌세상 밟게 했나.
대지도 내 발을 받칠 수 없고
태산도 내 가슴 삼킬 수 없네.
훨훨 털고 세상 밖으로 벗어나야지
세상 안은 모두 수레로 갈 수 있는 곳.
망망한 묘지 바라볼 수 없나니
고금의 영웅은 어이 차마 묻혀 있나.
바다 가운데 저 봉래산(蓬萊山)1
빼어난 푸른 옥을 누가 녹여 만들었나.
그대 먼저 가면 나도 곧 뒤따를 테니
하늘 신선, 땅 신선, 물 신선의 궁전을 가려 뭣 하랴.

我昔在何處, 笙簫宮殿有無中. 鈞天廣樂夢正酣, 何人引我踏塵紅. 大地不能

1_ 봉래산(蓬萊山): 신선이 산다는 전설 속의 아름다운 산.

載我足, 大山不足吞吾駕. 軒然要出六合外, 六合之內轍皆窮. 茫茫丘隴不可
望, 今古忍埋龍虎雄. 蓬萊山在海中央, 碧玉秀出知誰鎔. 君先去我當繼, 何必
論天仙地仙水僊宮.

이 시는 이규보가 술에 취한 채 써서 벗 박환고(朴還古)에게 준 것이다. 술에 취했을 때
는 마음의 구속을 벗어던져 상상력이 자유롭게 표출되는 법이다. 이규보는 좁디좁은
세상을 훌쩍 벗어나 천상의 음악이 들려오는 드넓은 신선의 세계로 날아오르길 꿈꾸고
있다.

자조

야윈 어깨는 우뚝하고 헌칠한데
시든 머리칼은 짧고 듬성하다.
누가 네게 홀로 곧으라 하여
세태 따라 처신하지 못하게 했나.
거짓말이 장터에 호랑이를 만드나니
물이 너무 맑으면 고기가 없는 법.
농사꾼 되는 것이 제격이니
돌아가 호미 메고 농사나 지어야지.

冷肩高磊落, 病髮短蕭踈. 誰使爾孤直, 不隨時卷舒. 誣成市有虎, 正坐水無魚.
只合作農老, 歸耕日荷鋤.

삼인성호(三人成虎)라는 말이 있다. 장터에 호랑이가 나왔다는 거짓말도 세 사람이 거듭하면 남들이 믿게 된다는 말이다. 자신을 모함하는 말들이 반복되어 사람들이 모두 그 모함을 믿는 답답한 상황에서 "물이 맑으면 고기가 없지" 하고 씁쓸해 하고 있다.

북악에 올라

산꼭대기에서 도성(都城)을 굽어보니
넓고 끝없는 만인(萬人)의 바다.
조그만 집이야 말해 뭣 하랴
큰 집도 그저 흙덩이 같은걸.
가련하다, 길 위에 오가는 사람도
흙먼지 속 헤매는 개미 같구나.
도대체 무슨 이익 찾으려는지
그 마음 저마다 얽매여 있나.
달팽이 뿔에 있다는 작은 두 나라 싸우는 사이에도
생사(生死)와 희로애락 존재하겠지.
어찌해야 그런 곳 훌훌 벗어나
저 먼 세상 밖을 노닐 수 있나.

絶頂望都城, 浩浩萬人海. 小屋何容言, 大屋正如塊. 可憐路上人, 蟻奔塵土內.
經營覓何利, 意各有所掛. 區區蠻觸間, 死生哀樂在. 安得出其中, 遊於六合外.

북악(北岳)은 도성 근처에 있었다고 한 것으로 보아 개성의 북쪽에 있던 산인 천마산
(天摩山)을 가리키는 듯하다. 한편, 『장자』(莊子)에 '달팽이의 왼쪽 뿔에는 만(蠻)이라
는 나라가, 오른쪽 뿔에는 촉(觸)이라는 나라가 있었는데, 이 두 나라가 서로 땅을 빼앗
으려 전쟁을 벌여 수만 명의 사상자를 내고 보름 만에야 그쳤다'라는 이야기가 나온다.

거울을 보며

거울의 묵은 먼지 털기를 겁낸 것은
수척한 모습에 속상할까봐.
오늘 아침 비춰 보고 자랑하는 마음 든 건
불그레한 얼굴에 봄기운 아직 있어서네.
일천 수 시 짓느라 귀밑머리 희어졌고
일만 집 술 마시느라 입술은 붉어졌네.
또렷하니 마주 앉아 서로 웃노라니
물감으로 그린 초상보다 훨씬 낫네그려.

―

怯把菱花拂古塵, 恐緣形瘦轉傷神. 今朝一覽眞堪詫, 面暈猶紅鬢尙春.
千首詩中雙白鬢, 萬家盃底一朱脣. 分明邂逅坐相笑, 却勝丹靑畫寫眞.

―――

늙어 갈수록 거울을 보기가 두려웠는데, 모처럼 술을 마시니 얼굴에 봄이 다시 찾아온 듯 불그레한 기운이 돌아 거울 볼 맛이 난다. 거울 속의 내 모습에는 시를 짓고 술을 마셔 온 나의 평생이 또렷이 담겨 있다.

장터의 은자

나는 대문 닫아걸고 손님도 없이 술 마시고 싶지 않네
서울 장터거리에 술꾼들 모아 놓고 커다란 잔에 마시고 싶지.
더구나 골방 밀실(密室)에서 가녀린 시(詩) 읊조리고 싶지 않네
호걸의 집에서 소리 높여 노래하고 피리 불고 싶지.
시름겨운 사람이여, 얼굴 찌푸리고 시름을 털어놓지 않는다면
얼음 밑 물이 꿀꿀거리며 시원스레 흐르지 못하는 것 같다오.
대장부란 시름이 생기면 크게 통곡할 일
부질없이 고개 숙이고 남몰래 눈물 흘려선 안 된다오.
묘군(苗君)은 통달한 사람일세, 시끄러운 장터에 숨어 지내면서
청산 깊은 곳 솔잎 먹고 물 마시는 자를 비웃을 수 있으니.

———

我不欲閑門飮酒省賓客, 欲向長安市上大會酒徒浮太白. 又不欲曲房密室唱小詞, 欲向豪家俠宅高歌與吹笛. 愁人矉額不言愁, 有如氷底之水鳴咽不快流. 丈夫愁來卽大哭, 不宜暗泣空低頭. 達哉苗君大隱九市中, 笑却喰松喫水靑山幽.

———

이 시는 정자(正字: 서적의 편집과 교정을 맡은 벼슬)를 지낸 묘씨(苗氏)의 대은루(大隱樓)라는 누각을 두고 쓴 것이다. 대은루가 시장 근처에 있었기에 '장터에 숨어 지낸다'라고 한 것이다. 혼자서 시름을 끌어안고 있지 말고 차라리 크게 통곡하라는 말이 가슴 쩡하게 시원하다.

시(詩) 원고를 불태우고

소년 시절 노래라고 끄적거리느라
붓만 잡으면 원체 거침없었네.
스스로 아름다운 구슬처럼 여겨
누가 감히 흠을 잡을까 했네.
나중에 찬찬히 다시 보니까
한 편 한 편 좋은 구절 하나 없구나.
차마 글 상자를 더럽힐 수 없어
아침 짓는 아궁이에 넣어 태웠네.
올해 쓴 시 내년에 보면
똑같이 지금처럼 던져 버리고 싶겠지.
당나라 시인 고적(高適)은 이런 까닭에
오십이 되어서야 시를 썼다지.

―

少年著歌詞, 下筆元無疑. 自謂如美玉, 誰敢論瑕疵. 後日復尋譯, 每篇無好辭.
不忍汙箱衍, 焚之付晨炊. 明年視今年, 棄擲一如斯. 所以高常侍, 五十始爲詩.

이날 자작시 삼백 편을 불태웠다 한다. 나는 늘 그대로 있는 것 같지만 실은 시간을 두고 성장하는 중이다. 부끄러움은 성장의 징표이다.

대머리 노인

숱이 줄어 머리 온통 벗겨지니
나무 없는 민둥산을 꼭 닮았네.
모자를 벗으면 안 창피할까
더더구나 빗질은 하면 뭐 하나.
귀밑머리와 수염만 없다면
참말로 늙은 까까중 같으리.
갓으로 대머리를 가리고
말 타고 마부까지 거느리고 갔네.
누런 옷자락을 양쪽으로 끌면서 가는데
벼슬아치 행차라 외치는 소리 길거리에 시끄럽네.
행인들은 사람을 잘못 보았나
허겁지겁 달려 서로 피하네.
실상은 망령되고 용렬한 이 사람
나라에도 아무 쓸모 없다네.
배 하나만 뚱뚱해 가지고
국록(國祿)만 잔뜩 먹었을 따름.
내가 봐도 얼굴 참 두껍다 할 터

남들이 어찌 조롱 않겠나.
얼른 그만두고 들어앉아
잘못을 더하지나 말아야지.

—

髮落頭盡童, 譬之禿山是. 脫帽得不憗, 容梳已無意. 若無鬢與鬚, 眞與老髡似.
冠弁飾其顚, 强自備驂騎. 黃裾雙引行, 呵喝喧道里. 行者錯擬人, 趍趨走相避.
其實乃妄庸, 於國無所利. 徒將一腹腷, 多喫國廩耳. 自尙厚顔深, 人誰不嘲戱.
不如速卷藏, 無重己之累.

대머리의 볼품없는 외모에, 어울리지도 않게 벼슬아치라고 거창한 행차를 하고 있다는 자조적인 독백이다. 이렇게 자신을 남처럼 거리를 두고 볼 수 있다는 것이 이규보의 훌륭한 점이 아닐까.

나의 거문고는 곡조가 없어

나의 거문고는 곡조가 없어
무엇이 상(商)이고 무엇이 궁(宮)인지.
거문고는 대저 무엇이며
그 소리는 깊은 곳 어디서 나오는가.
졸졸 흐르는 그 소리
조약돌 여울물에서 가져온 건가.
솔솔 시원한 그 소리
솔바람의 가락을 빌려 온 건가.
졸졸 흐르는 그 소리를 여울물로 돌려보내고
솔솔 시원한 그 소리를 소나무로 돌려보낸다면
다시 텅 비고 고요하여
저 허공으로 되돌아가겠지.

―

我琴無調, 孰商孰宮. 琴是何物, 聲從何沖. 其泠泠溜溜者, 傳聲於石瀨乎. 其瑟瑟飀飀者, 借韻於松風乎. 若以泠泠者付乎瀨, 瑟瑟者還于松, 則其復寥乎寂乎, 反於大空者乎.

텅 비어 아무 소리도 없는 것 같은데 자연의 깊은 울림이 들려와 마음이 고양되는 느낌이다. 동서고금을 막론하고 음악의 최고 경지는 자연의 소리와 같아지는 데 있었다. 이 시 역시 거문고의 소리가 자연의 소리와 하나 된 경지를 보여 주고 있다.

조물주에게

조물주는 아득한 곳에 있나니
그 생김새 무엇과 비슷할까?
필시 스스로 생겨났으련만
나를 병들게 한 자 그 누구랴?
성인(聖人)은 외물(外物)을 외물로 대하여
한 번도 외물의 부림을 받은 적 없네.
나는 외물에게 사로잡힌 물건이 되어
행동을 내 맘대로 하지 못하고
너 조물주의 손에 걸려
이렇듯 꺾이어 괴롭다네.
흙과 물과 불과 바람은 본디 없는 것
이들은 어디에서 왔나?
뜬구름 나타났다 스러지듯
끝내 근원을 알 수가 없네.
고요히 관조하면 모두가 텅 비었으니
그 누가 태어나고 늙고 죽는가.
나는 저절로 쌓여 이루어진 몸

본성대로 순리에 따를 뿐이네.
어이, 조물주!
이것과 무슨 상관이겠어.

—

造物在冥冥, 形狀復何似. 必爾生自身, 病我者誰是. 聖人能物物, 未始爲物使.
我爲物所物, 行止不由己. 遭爾造化手, 折困致如此. 四大本非有, 適從何處至.
浮雲起復滅, 了莫知所自. 冥觀則皆空, 孰爲生老死. 我皆堆自然, 因性循理耳.
咄彼造物兒, 何與於此矣.

이 시는 일흔 살 되던 1237년에 쓴 것이다. 병든 몸을 돌아보며 우주의 섭리를 생각하고 있다. 지금 나의 몸은 외부 요인으로 고통에 빠져 있지만 고요히 관조해 보면 모든 것은 텅 비어 그저 순리에 따라 흘러갈 따름이다. 그런 생각으로 고통을 이기고 있는 것이다.

시벽

나이 이미 칠십을 넘었으며
지위 또한 정승 자리에 올랐으니
이제는 끄적이는 일 놓아줄 만하건만
어째서 아직도 그만두지 못하는가.
아침에는 귀뚜라미처럼 읊조리고
저녁에는 솔개처럼 부르짖는다.
어찌할 수 없는 시마(詩魔)가 있어
아침저녁 남몰래 따라다닌다.
한번 붙더니 잠시도 놓아주지 않아
나를 이 지경에 이르게 했다.
나날이 심장과 간을 깎아 내어
몇 편의 시(詩)를 짜내니
기름기와 물기가
다시는 몸에 남아 있지 않는다.
뼈만 남아 괴롭게 읊조리는
이 모양 참으로 우습구나.
천 년 뒤까지 전해질

그런 놀라운 문장도 짓지 못했다.
이런 내 모습에 손뼉 치며 웃어 대다가도
웃고 나선 또다시 읊조려 댄다.
죽으나 사나 꼭 이러고 있으니
이 병은 의원(醫員)도 고치기 어려우리.

―

年已涉從心, 位亦登台司, 始可放雕篆, 胡爲不能辭. 朝吟類蜻蜥, 暮嘯如鳶鴟.
無奈有魔者, 夙夜潛相隨, 一着不暫捨, 使我至於斯. 日日剝心肝, 汁出幾篇詩.
滋膏與脂液, 不復留膚肌. 骨立苦吟哦, 此狀良可嗤. 亦無驚人語, 足爲千載貽.
撫掌自大笑, 笑罷復吟之. 生死必由是, 此病醫難醫.

아무리 세월이 흘러도 늙거나 병들지 않는 시심(詩心)이 놀랍다.

병상의 다섯 노래

옛날엔 걸음 빨라 따라올 자 드물었고
말솜씨와 시 짓는 일도 그렇게 빠르다고 알아줬지.
평소에 세 가지가 날래다고 뽐냈더니
오직 이 묵은 병은 낫기가 더디구나.

가쁜 숨 실낱처럼 끊어질 것 같아도
목숨의 길고 짧음 하늘에 달린 거지.
세상 사람 오래 살기 욕심내지만
늙어서 죽으나 어려서 죽으나 한가지라네.

타는 목에 술 부으니 입가는 늘 흥건하고
풍류 즐기면 시(詩) 떠올라 생각은 메마르지 않는다.
오직 이 야윈 몸엔 살 오르지 않으니
몸이 있어 걱정이라면 없는 것만 못한 거지.

천만 가지 생각에 잠시 잠 못 이루었지
스님처럼 공(空)을 응시하며 참선한 건 아니라네.

한가한 취미 더해진 게 기쁘기만 하노니
물러난 노인에게 서류 장부 다시 오랴.

가벼운 병 때문에 어찌 크게 근심하랴
절름거리는 걸음이 나가 노니는 걸 방해한다.
나간다고 마음이 트일 것도 아니지만
그래도 푸른 바다에 떠나는 배 보고 싶다.

―

當年步捷鮮人隨, 語與詩然世共知. 平日謾誇三捷在, 獨於沈療得痊遲.
餘喘雖微欲絶絲, 壽殤脩短在天爲. 世人只抱貪生志, 老死猶同夭死時.
酒澆焦涸吻長濡, 詩引風流思不枯. 唯是癯身肥不得, 患緣身有不如無.
算量千事暫妨眠, 不是觀空衲子禪. 唯喜得添閑氣味, 簿書那到退翁前.
豈爲微痾特地憂, 步欹唯礙出門遊. 出門未必心開豁, 猶望滄溟去去舟.

마음은 언제나 자유로워 천만 가지 생각으로 넘쳐나고 온 세상을 노닐지만, 병든 몸은 한 발짝 움직이기조차 버겁다. 푸른 바다로 망망히 떠가는 배를 보고 싶다는 말이 연민을 자아내며 마음을 쓸쓸하게 만든다.

바람 빠진 공

공기가 가득 차서 동그란 모양일 땐
사람이 한 번 차면 공중에 오르더니
공기 빠져 사람들이 내버리자
쭈그러진 텅 빈 주머니 되어 버렸네.

―

氣滿成毬體, 因人一蹴沖, 氣收人亦散, 縮作一囊空.

사는 게 싫어져서 이런 시를 썼다 한다. 바람 빠진 공에 늙고 기운 빠진 자신의 모습이 겹쳐 보였던 것이리라.

새해 아침에

화산(花山)[1]에서의 열 번째 봄
신축년(辛丑年, 1241) 정월 초하루.
사람들은 당연히 설날을 축하하느라
바삐 모여 동네 어귀 메웠을 테지.
세월이 돌고 돌아 다시 시작되는 건
천지가 생긴 이래 항상 그랬는데
언제나 있는 일을 뭘 그리 축하하나
이런 축하는 정말 쓸데없고 허망한 일.
나는 지난해가 끝난 게 서글프지
새해로 바뀐 게 기쁘지 않다네.
지난날 고운 얼굴이
늙고 추한 몰골로 변하지 않았는가.
축하란 본디 남의 기쁜 일을 축하하는 것
탄식할 일을 축하하는 건 들어 보지 못했다네.
다만 즐거운 일은, 바람과 날씨가 따뜻해져
하늘에 좋은 기운 넘쳐흐르고
풀과 나무들 꽃마음을 머금으며

1_ 화산(花山): 강화부(江華府) 남쪽 5리쯤에 위치한 산인데, 곧 강화도를 가리킨다. 1232년 고려 조정은 몽고의 침략에 맞서 장기적인 항전을 계획하고 강화도로 천도(遷都)하였으며, 이때 이규보도 이곳으로 옮겨 와 세상을 떠날 때까지 거주하였다.

지저귀는 새들 포근한 햇빛에 노니는 것.
올해엔 시(詩)를 얼마나 지을 것이며
술은 또 몇 잔이나 마시게 될까.
죽고 사는 일도 알 바 아니거늘
자질구레한 일이야 헤아려 무엇 하리.

―

花山第十春, 辛丑陬月旦. 人應賀新正, 奔集墥閭閈. 歲月周復始, 剖判已來慣, 常事不須賀, 是賀信浮誕. 我悲舊歲闌, 不喜新年換. 曾不與韶顏, 醞作老醜漢. 賀本賀人喜, 未聞賀所嘆. 但欣風日和, 氣色空中漫. 草木含芳意, 啼鳥弄微暖. 今年作詩幾, 飲酒又幾酸. 生死猶未知, 細事安足算.

나는 늙어 추한 몰골로 변해 가지만 세상엔 변함없이 봄이 와 포근한 햇빛 속에 풀과 나무가 새 눈을 틔우고, 새들은 그 속을 노닌다. 그것만으로도 즐거운 것이다. 삶에 대한 대긍정이 엿보이는 시이다.

우두커니 앉은 내 모습

하얀 수염의 왜소한 늙은이가
언제나 두건(頭巾)은 비스듬히 쓰네.
말없이 앉아 말갛게 바라보니
남들이 모두 괴물로 보네.
이 보잘것없고 조그만 몸속에
천지를 품을 수 있단 걸 알지 못하지.
때때로 시(詩) 구절을 생각하느라
온종일 읊조림을 그치지 않네.
남들은 늙은 여우 소리로 여겨
저마다 귀를 막고 피해 달아나네.
이런 나의 노래에서
아름다운 음악 소리 나는 줄 알지 못하지.
너희가 지금 나를 여우로 여기고
또 괴물로 만들려 하고
말이나 소라 부른다고 하면
너희들이 부르는 대로 되는 수밖에.

—

霜鬚矮小翁, 欹着巾一事. 兀坐瞪無言, 人以怪物視. 不知囂爾中, 大可容天地.
時復覓詩句, 長嘯不自止. 人疑老狐聲, 掩耳走自避. 不知謳吟中, 金石聲出此.
汝今欲狐我, 又作怪物類, 呼馬亦呼牛, 任爾所當指.

이해받지 못한 고독한 예술가의 광활하고 풍요로운 내면이 보이는 시이다.

눈병으로 시를 짓지 못하다

요즈음 왼쪽 눈이 아파서
오랫동안 시를 짓지 못하였네.
아직 오른쪽 눈은 남아 있는데
어째서 시를 짓지 못하느냐고.
그대는 아는가 손가락 하나가 아파도
온몸이 괴로워 견디기 어렵단 걸.
어찌 한쪽 눈이 서러워하는데
똑같은 눈으로서 태연히 버려둘 수 있겠는가.
흥취가 다시 어디에서 나와
시를 지을 수 있겠느냐고.

—

比因左目患, 久矣不作詩. 猶有右目存, 云何迺如斯. 君看一指傷, 滿身苦難支. 安有目官慟, 同類恬不隨. 興復從何出, 而事作詩爲.

이규보는 이 시를 1241년 8월 29일에 짓고 며칠 뒤인 9월 2일에 세상을 떠났다. 이젠 정말 시를 쓰지 못하겠다는 고백으로 그의 시와 그의 삶이 함께 마무리되고 있는 것이다.

소를 매질하지 마라

詩

소를 매질하지 마라

소를 매질하지 마라, 소는 불쌍하니
아무리 네 소지만 꼭 때려야 되느냐?
소가 네게 무엇을 저버렸다고
걸핏하면 소를 꾸짖는 거냐.
무거운 짐 지고 만 리 길을 다녀
네 어깨 뻐근함을 대신해 주고
숨을 헐떡이며 넓은 밭을 갈아
너의 배를 불려 준다.
이만해도 네게 주는 게 많은데
너는 또 걸핏하면 올라타는구나.
너는 피리 불며 희희낙락하다가도
소가 힘들어 천천히 가면
꾸물댄다고 또 꾸짖어 대며
몇 번이고 매질을 하지.
소를 매질하지 마라, 소는 불쌍하니
하루아침에 소가 죽는다면 넌들 살 수 있겠느냐?
소 치는 아이야 넌 참 어리석다

소의 몸이 무쇠가 아닌데 어찌 배겨 내겠느냐?

―

莫笞牛牛可憐, 牛雖爾牛不必笞. 牛於汝何負, 乃反嗔牛爲. 負重行萬里, 代爾兩肩疲, 喘舌耕甫田, 使汝口腹滋. 此尙供爾厚, 爾復喜跨騎. 橫笛汝自樂, 牛倦行遲遲, 行遲又益嗔, 屢以捶鞭施. 莫笞牛牛可憐, 一朝牛死爾可資. 牛童牛童爾苦癡, 如非鐵牛安可支.

이규보 말고 어느 누가, 소 타고 피리 부는 목동의 낭만적인 모습에서 소의 고통을 읽어 낼 수 있을까? 어떻게 보면, 가엾은 소의 모습에는 수탈에 시달리는 백성의 모습이 겹쳐지기도 한다. 소외된 약자에 대한 깊은 연민의 시선이 돋보인다.

원님 노릇 즐겁다 마오

원님 노릇 즐겁다 마오
원님 노릇 도리어 걱정뿐일세.
관아는 장터처럼 시끌시끌하고
판결할 문서는 산더미 같네.
가난한 마을에 세금 부과 차마 못하겠고
감옥에 가득한 죄수들 보니 근심스럽네.
꾹 다문 입엔 웃을 일 없는데
더구나 태평하게 놀러 다닐까.

원님 노릇 즐겁다 마오
원님 노릇 갈수록 걱정만 새롭네.
성낸 얼굴로 아전들 꾸중하다가
서울서 온 관리에겐 무릎 꿇고 절을 하네.
속군(屬郡)을 봄마다 순찰해야 하고
사당(祠堂)에 기우제 지내기 바쁘네.
잠시도 한가할 때 없으니
어떻게 몸 빼낼 생각하리오.

원님 노릇 즐겁다 마오
원님 노릇 걱정만 밀려오누나.
따스한 비단옷 입지 못하고
주머니엔 한 푼도 남아 있지 않네.
성난 마누라 얼굴 펴기 어렵고
배고픈 자식들 울음을 그치지 않네.
삼 년 뒤에도 그만두지 못한다면
머리털 죄다 백발 되겠네.

깊은 걱정 무슨 수로 잊을 수 있나
잔치하며 노는 날도 거의 없는데.
술 그릇엔 퍼렇게 녹이 슬었고
거문고 뚜껑엔 먼지만 뿌옇구나.
산과 강은 안 봐 준다 원망하리라
꽃과 버들 봄을 위해 피었으련만.
풍류 즐길 줄 몰라서 이러겠나
관청의 규칙이 너무 엄해서지.

―

莫道爲州樂, 爲州乃反憂. 公庭喧似市, 訟牒委如丘. 忍課殘村稅, 愁看滿獄囚.

也無開口笑, 況奈事遨遊.

莫噵爲州樂, 爲州憂轉新. 怒顏訶郡吏, 曲膝拜王人. 屬郡行春慣, 靈祠乞雨頻.
片時閑未得, 何計暫抽身.

莫噵爲州樂, 爲州憂轉稠. 身無尺帛暖, 囊欠一錢留. 妻恚嗔難解, 兒飢哭不休.
三年如未去, 白髮欲渾頭.

憂深何以遣, 些少宴遊晨. 盍㪍生青暈, 琴箏黳素塵. 江山應蓄怨, 花柳若爲春.
不是風情薄, 官箴大逼人.

속군(屬郡)이란 지방관이 파견되지 않은 고을을 말한다. 고려 시대에는 지방관이 파견된 군과 현(縣)을 통하여 인근의 군현을 간접 통치하는 것이 일반적이었다. 원님 노릇하는 데 따른 스트레스를 이런 시를 써서 해소했나 보다.

검은 고양이

보송보송 푸르스름한 털
동글동글 새파란 눈.
생김새는 범 새끼 비슷한데
우는 소리에 집사슴은 겁을 먹는다.
붉은 끈을 목에 매어 주고
참새고기를 먹이로 준다.
처음엔 발톱 세워 화닥이더니
차츰 꼬리치며 따르는구나.
내 옛날엔 살림이 가난타 하여
중년까지 너를 기르지 않아
쥐 떼가 제멋대로 설치면서
뾰족한 이빨로 집을 뚫었다.
반닫이의 옷가지 물어뜯어
너덜너덜 누더기를 만들었다.
대낮에도 책상에서 싸움질하여
벼루를 뒤엎게도 하였지 뭐냐.
내 그 행패가 몹시 미워서

놈들을 잡아 재판이라도 하고 싶었다.
빨리 달아나니 잡지는 못하고
공연히 벽 주위를 빙빙 돌기만.
네가 내 집에 있고부터는
쥐들이 벌써 기가 죽었다.
어찌 담장만 온전하겠나
얼마 안 되는 양식이나마 지키겠구나.
고양아, 너는 밥만 축내지 말고
노력해서 쥐의 무리 섬멸하거라.

細細毛淺靑, 團團眼深綠. 形堪比虎兒, 聲已懾家鹿. 承以紅絲纓, 餌之黃雀肉.
奮爪初騰躍, 搖尾漸馴服. 我昔恃家貧, 中年不汝畜. 衆鼠恣橫行, 利吻工穴屋.
斁齧箱中衣, 離離作短幅. 白日鬪几案, 使我硯池覆. 我甚疾其狂, 欲具張湯獄.
捷走不可捉, 遶壁空追逐. 自汝在吾家, 鼠輩已收縮. 豈唯垣墉完, 亦保升斗蓄.
勸爾勿素餐, 努力殲此族.

예전에 실제로 쥐를 잡아 재판한 사람이 있었다. 중국 한(漢)나라 때 벼슬아치였던 장탕(張湯)이 어렸을 때의 일이다. 그가 혼자 집을 보는 동안 쥐가 부엌의 고기를 훔쳐 가 버렸는데, 그의 부친은 고기가 없어졌다며 그를 몹시 꾸짖었다. 이에 장탕은 쥐구멍을 수색하여 먹다 남은 고깃덩이와 쥐를 끌어내서는, 판결문을 써서 재판을 하고 쥐에게 형벌을 내렸다.

늙은 과부의 한숨

풀과 나뭇잎 아직도 파랗건만
귀뚜라미 섬돌 아래 울어 대누나.
여인네들 벌써 가을인가 놀라
부지런히 쩔걱쩔걱 베를 짠다네.
그런데 늙은 과부 오직 혼자서
손 모아 여름 돌아오길 기원하길래
"계절은 정해진 길이 있거늘
가고 오는 것이 어찌 네 마음대로 되랴.
동산의 단풍도 붉어지려 하니
낡은 솜옷이나마 찾아 둬야 하리라."
대답하길 "이 무슨 말씀이시오?
저는 본디 가난한 여인
입던 솜옷 벌써 전당포에 맡겼사오니
새 옷을 누가 다시 주겠나이까?"
들으니 가여워 슬퍼지더니
걱정스런 생각이 맘에 걸리네.
이렇게 가난하고 시름겨운 때

한 자의 명주나마 도와야겠네.

—

林葉尙靑靑, 蟋蟀鳴砌底. 婦女已驚秋, 殷勤理機杼. 獨有老孀嫗, 拱手願復暑.
時節固有程, 進退寧爲汝. 園楓行欲舟, 爾可尋古絮. 答云是何言, 妾本最貧女.
故絮久已典, 新衣誰復與. 我聞惻然悲, 心若掛私慮. 要趁窮秋時, 尺帛期可惠.

이규보는 가엾은 사람들을 그저 '보살펴야 할 백성들'이라는 한 덩어리의 추상적인 대상으로 여기지 않고, 저마다 다른 어려움과 결핍을 지닌 하나하나의 인간으로 접근하고 있다. 그가 보여 주는 애민의식(愛民意識)의 근저에는 가난하고 의지할 데 없는 사람들에 대한 같은 인간으로서의 연민이 내포되어 있는 것이다.

마을 노인에게

나는 늙은 서생(書生)
나 자신을 태수(太守)라 여기지 않네.
이 말 고을 사람들에게 보내노니
나를 그저 시골 늙은이로 생각하게.
맘에 쌓인 일 있거든 얼른 와서 하소연해
아기가 엄마 젖 찾듯 하게나.
오래 가물고 비 내리지 않는 것
이 또한 나의 잘못이리라.
간절히 마을 노인에게 사과하노니
내 어서 사직(辭職)하는 게 나을 것일세.
나 떠나면 당신네들 편안하리니
이 못난 늙은이에게 무얼 바라나.

―

我是老書生, 不自稱太守. 寄語州中人, 視我如野耆. 有蘊卽來訴, 如兒索母乳.
久旱天不雨, 是亦予之咎. 殷勤謝父老, 不如速解綬. 我去爾卽安, 何須此老醜.

―

높은 자리에 있는 사람이지만 잰 체하지 않고 꾸밈없이 겸손한 태도를 보이고 있어 인상적이다.

쥐를 놓아주며

사람은 하늘이 만든 걸 훔치고
너는 사람이 훔친 걸 훔친다.
똑같이 먹고살려 하는 일인데
어찌 너만 나무라겠니.

―

人盜天生物, 爾盜人所盜. 均爲口腹謀, 何獨於汝討.

하늘의 눈으로 보면 사람과 쥐는 평등한 것이다.

꿀벌

꽃을 따서 만드는 꿀
엿처럼 달고
기름과 마찬가지로
무궁무진하게 쓰이네.
그러니 사람들 마구 따 내어
바닥을 보고야 그만두는구나.
꿀벌 네가 죽지 않는 한
인욕(人欲)이야 끝이 있을까.

採花作蜜, 惟飴之似, 與油作對, 其用不匱, 人不廉取, 罄倒乃已. 汝若不死, 人欲奚旣.

사람의 끝없는 욕심에 대해 경계심을 불러일으키고 있다.

농부의 말

비 맞으며 논에 엎드려 김을 매니
검게 탄 못생긴 얼굴, 사람 같지도 않겠지.
왕족과 귀족이여, 함부로 멸시 마오
그대들의 부귀영화 나로부터 나온다오.

햇곡식은 푸릇푸릇 논밭에서 자라는데
아전들 벌써부터 세금 걷는다고 성화네.
애써 농사지어 나라 잘살게 하는 일 우리에게 달렸거늘
어찌 이리 극성스레 수탈하는가.

―

帶雨鋤禾伏畝中, 形容醜黑豈人容. 王孫公子休輕侮, 富貴豪奢出自儂.
新穀靑靑猶在畝, 縣胥官吏已徵租. 力耕富國關吾輩, 何苦相侵剝及膚.

건강하고 자부심 강한 농부의 내면을 핍진하게 그려 내고 있다. "나라 잘살게 하는 일 우리에게 달렸거늘"이라는 말이 여전히 의미심장하다.

농부에게 쌀밥과 청주를 허(許)하라

서울의 부잣집에는
구슬과 패물이 산같이 쌓였네.
절구로 찧어 낸 구슬 같은 쌀밥을
말이나 개에게도 먹인다네.
기름처럼 맑은 청주를
종들도 실컷 마신다네.
이 모두 농부에게서 나온 것
본래 타고난 게 아니라네.
남이 수고한 걸 빌려 와서는
스스로 부자가 되었노라 함부로 말하네.
힘들여 농사지어 군자(君子)를 먹여살리니
그들을 일컬어 농부라 하네.
맨몸에 베잠방이 걸치고서
매일같이 밭 간 것이 몇 이랑인가.
벼 싹이 파릇파릇 돋아나면은
고생하며 잡초를 뽑아내야지.
풍년 들어 많은 곡식 거둬들인들

한갓 관청 차지가 될 뿐이라오.
어쩌지 못하고 죄다 빼앗겨
하나도 소유하지 못한다오.
급기야 땅을 파 올방개[1]를 캐 먹다가
굶주림에 지쳐 쓰러진다오.
노동할 때 아니라면
누가 당신들을 든든히 먹여 줄까.
목적은 힘을 짜내기 위해서지
당신들의 입을 아껴서가 아닐 테지.
희디흰 쌀밥이나
맑디맑은 청주는
모두 당신들의 힘으로 생산한 것이니
하늘도 무어라 허물하지 않으리라.
권농사(勸農使)[2]에게 말하노니
나라 법령이 혹 잘못된 것 아니오?
높은 벼슬아치들은
술과 음식을 실컷 먹고 썩힌다지.
관직 없는 사람들도 나누어 먹고
언제나 청주를 마신다오.
손 하나 까딱 않는 자들도 이와 같거늘

1_ 올방개: 논에서 자라는 잡초의 일종인데, 희고 둥근 뿌리를 먹기도 한다.
2_ 권농사(勸農使): 지방의 농사일을 살피는 벼슬아치.

어째서 농부들은 못 먹게 하는가?

―

長安豪俠家, 珠貝堆如阜. 舂粒瑩如珠, 或飼馬與狗. 碧醪湛若油, 霑洽童僕咮.
是皆出於農, 非乃本所受. 假他手上勞, 妄謂能自富. 力穡奉君子, 是之謂田父.
赤身掩短褐, 一日耕幾畝. 才及稻芽靑, 辛苦鋤稂莠. 假饒得千鍾, 徒爲官家守.
無何遭奪歸, 一介非所有. 乃反掘鳧茈, 飢仆不自救. 除却作勞時, 何人餉汝厚.
所要賭其力, 非必愛爾口. 粲粲白玉飯, 澄澄綠波酒. 是汝力所生, 天亦不之咎.
爲報勸農使, 國令容或謬. 可矣卿與相, 酒食獸腐朽. 野人亦有之, 每飮必醇酎.
游手尙如此, 農餉安可後.

예전에는 곡식을 낭비하지 말라는 뜻에서 곡식으로 빚은 술이나 쌀밥을 금지한 경우가 있었다. 그런데 이는 농민들을 자신이 노동한 결과물로부터 소외시키는 모순을 낳은 바, 이규보는 이 점을 지적하고 있다.

햅쌀의 노래

한 톨 한 톨을 어찌 가벼이 여기랴
사람의 생사와 빈부가 달렸는데.
나는 농부를 부처님처럼 존경하나니
부처님도 굶주린 사람은 살리기 어렵다네.
기쁘도다, 이 흰머리 늙은이가
올해 또 벼 익는 걸 보게 되다니.
죽어도 여한이 없구나
봄 농사 혜택이 내 몸까지 이를 줄이야.

―

一粒一粒安可輕, 係人生死與富貧. 我敬農夫如敬佛, 佛猶難活已飢人. 可喜白首翁, 又見今年稻穀新. 雖死無所歎, 東作餘膏及此身.

―

부처님도 굶어 죽는 사람을 살릴 수 없는데 농부는 곡식을 가꾸어 사람의 목숨을 살린다는 이 깨달음이 참으로 소중하다.

말의 죽음

벼슬살이 그만두려고
어제 막 임금님께 글을 올렸네.
글 올린 지 얼마 되지도 않아
내 말이 갑자기 죽어 버렸네.
내 이미 타지 않게 되었지만
그리도 빨리 날 버리고 가는가.
쩌릿하게 마음이 아파
문을 나와 오래도록 서성거리네.
하늘께선 늙었다고 날 버리시고
내가 타던 말까지 앗아 가셨네.
지금처럼 누워 있을 때에야
네가 없어도 괜찮을지 모르지만
만약 가야 할 곳 생기면
내 어찌 걸어다니겠는가.
인생사도 참으로 알 만하구나
늘그막에 말까지 없게 되다니.

吾欲退懸車, 一昨方上書. 上書未云幾, 我馬忽然殂. 吾雖已莫騎, 棄去何早歟.
惻惻傷我懷, 出門久踟躕. 天以老佚我, 奪我所曾跨. 如今伏枕時, 捨爾亦或可.
若也有所如, 吾豈徒行者. 此生事可知, 老境反無馬.

오랜 시간 함께했던 말이 늙고 병들어 죽은 것을 슬퍼하여 읊은 시이다. 죽은 말을 가여워하며 문 앞을 서성거리는 마음이 눈물겹다.

이 잡는 재상

재상으로 늘상 이 잡는 사람
나 말고 또 누가 있으랴.
어찌 활활 타는 화롯불이 없겠냐마는
땅에 내려 놓는 건 나의 자비(慈悲)다.

가난한 재상이라지만
안회(顔回)¹처럼 냄새날 지경은 아니지 않나.
하필 나를 찾아오다니
더듬어 잡으려니 귀찮기도 하다.

너 역시 의지해 살 곳 없어서
나를 집으로 삼은 걸 테지.
나 없으면 이놈들도 없을 것이라
더욱더 몸 가진 걸 탄식하게 된다.

1_ 안회(顔回): 공자의 제자로, 몹시 가난하여 옷을 제대로 갈아입지 못한 탓에 냄새가 나고 이가 들끓었다 한다.

宰相長押蝨, 非予更有誰. 豈無爐火熾, 投地是吾慈.

雖云貧宰相, 未至如回臭. 何必苦尋來, 押搜煩我手.

汝亦無所寄, 以我爲之家. 無我則無是, 益發有身嗟.

내가 세상에 깃들여 살고 있듯, 이도 나의 몸에 깃들여 살고 있다. 그렇기에 차마 불에 태워 죽여 버릴 수 없는 것이다.

쇠고기를 어이 먹으리

소는 큰 밭도 잘 갈아
많은 곡식 가꿔 낸다네.
곡식이 없으면 사람이 어찌 살꼬
사람 목숨도 모두 여기 달렸지.
게다가 무거운 짐까지 지니
사람 힘 모자란 걸 대신해 주네.
비록 그 이름 소라 하지만
하찮은 가축으로 봐선 안 되네.
어찌 차마 쇠고기를 먹어
이 조그만 배를 채우려 하리.
가소롭구나, 두보(杜甫)는 열흘 굶다가
쇠고기 포식하고 세상 떴다지.

―

牛能於甫田, 耕出多少穀. 無穀人何生, 人命所自屬. 又能馱重物, 以代人力瘂.
雖然名是牛, 不可視賤畜. 何忍食其肉, 要滿椰子腹. 可笑杜陵翁, 死日飽牛肉.

당나라의 시인 두보는 평생 곤궁한 삶을 살았는데, 59세 때 홍수를 만나 열흘간 굶주리다가 누가 보내 준 쇠고기를 먹고 탈이 나서 며칠 뒤에 죽었다 한다. 사람은 곡식을 먹고 살 일이지, 그 곡식을 먹고 살 수 있게끔 도와주는 소의 고기를 먹어서는 안 된다는 이규보의 말은 제레미 리프킨이 논문 「쇠고기를 넘어서」에서 '구미인들이 쇠고기 먹기를 포기한다면 굶주리는 아프리카 사람들에게 충분한 곡물을 제공할 수 있을 것'이라 한 것과 통하는 바가 있다.

네놈들은 입이 몇 개기에

흉년에 백성들은 빈사(瀕死) 지경
앙상하게 뼈와 가죽만 남았는데
몸에 남은 살이 그 얼마나 된다고
남김없이 죄다 긁어내려 하는가.

그대는 보았나 강물을 마시는 두더지도
기껏해야 자기 배를 채울 뿐임을.
묻노니 네놈들은 입이 몇 개기에
백성들의 살을 그리 게걸스레 뜯어 먹나.

―

歲儉民幾死, 唯殘骨與皮, 身中餘幾肉, 屠割欲無遺.
君看飮河鼴, 不過滿其腹. 問汝將幾口, 貪喫蒼生肉.

―

이 시는 군수(郡守) 몇 명이 뇌물을 받았다가 적발되었다는 소식을 듣고 쓴 것이다. 짐승들은 아무리 먹이가 많아도 자기가 필요한 만큼만 갖고 그칠 줄을 아는데, 인간은 그런 짐승만도 못해 망망한 강물을 다 마시고도 만족을 모르는 것이다.

본래 구름과 물을 사랑하니

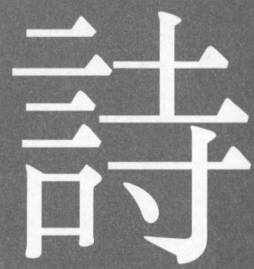

동산에서 매미 소리를 듣다

감히 높은 버들 곁에 가지 못함은
그 가지 위 매미를 놀래킬까 봐.
다른 나무로 옮겨 가게 하지 마라
한 곡조 끝까지 듣고 싶단다.
가벼운 허물은 풀 위에 벗어 두고
맑은 노래는 가지 사이에 가냘프구나.
소리는 들리는데 모습은 보이지 않네
푸른 잎에 깊이깊이 가려 있어서.

不敢傍高柳, 恐驚枝上蟬. 莫敎移別樹, 好聽一聲全. 輕蛻草間遺, 淸吟枝上喧.
聆音不見刑, 綠葉深深翳.

조심스레 매미 울음에 귀 기울이는 모습에서 천진함이 느껴진다.

초가을 새벽에

시인(詩人)은 본래 느낌이 많아
나뭇잎 하나 져도 가을인가 놀라네.
비록 더위가 남아 있다곤 하지만
새벽이면 두꺼운 갖옷 생각이 나네.
어제만도 남쪽 시내에 목욕하면서
갈매기처럼 둥둥 떠서 헤엄도 쳤었지.
오늘 아침 새파란 냇물을 보매
벌써 그 맑은 물 보기만 해도 오슬오슬해.
시절은 날마다 조금씩 달라지고
흐르는 세월은 머물지 않고 지나가네.
내일은 이미 오늘이 아니니
검은 머리가 흰 머리로 변해 가네.
우리 인생은 잠깐 하는 타향살이 같아
백 년을 가다 보면 그만 끝나려 하네.
어찌하여 쥐구멍 속에서 망설이는 쥐처럼
거취(去就)를 일찍 헤아리지 못하고
한 치 조그마한 가슴에

끝없는 근심을 가득 채우고 있는지.
본디 가진 뜻을 이루려 노력하여
용감히 공후(公侯)의 자리를 따 내거나
아니면 벼슬 따윈 하지 말고
힘써 논밭을 갈고 추수하여
해마다 백 섬의 술을 담근다면
한평생 술지게미 언덕에서 늙어 가리라.
죽어서는 소나무 밑 흙이 되나니
귀했거나 천했거나 마찬가지라네.

―

騷人故多感, 一葉已驚秋. 雖云餘熱在, 向曉思重裘. 昨日浴南澗, 游泳如浮鷗,
今朝見澗碧, 尙憚臨淸流. 時節日漸異, 流年逝不留. 明日非今日, 黑頭將白頭.
吾生如寄耳, 百年行欲休, 胡爲長首鼠, 去就不早謀, 而於方寸地, 鬱此無窮愁.
努力勖素志, 唾手取公侯, 不然反初服, 力穡事田疇, 歲釀百石酒, 一生老糟丘.
死作松下土, 貴賤同一簍.

───

계절의 변화를 누구보다 예민하게 느끼는 시인의 마음으로, 시간의 흐름을 관조하고 그 흐름 속에서 어떻게 살아가야 할지를 생각하고 있다.

객사에서

쓸쓸히 남의 집에 묵으면서
오래 머물러 세월만 보낸다.
메밀꽃은 하얀 눈밭 펼치고
단풍잎은 노을빛으로 물들었네.
늙은 나무엔 버섯이 주렁주렁
차가운 연못엔 시든 연잎 슬프다.
언제나 서울에 돌아갈까
멀리 푸른 하늘만 바라본다.

—

寂寞寄人宅, 淹延費歲華. 麥花鋪白雪, 楓葉染丹霞. 木老看垂菌, 池寒弔敗荷.
長安何日到, 目斷碧天涯.

아름다운 가을 풍경을 보다가 문득 찬 연못의 시든 연잎에 눈길을 준 것은 마음이 쓸쓸 해서였을 터이다.

낙동강을 지나며

푸른 산속 굽이굽이 백 번을 돌아
한가로이 낙동강을 지나가누나.
풀이 깊어도 길은 있나니
소나무 고요해 바람도 없다.
가을 물은 청둥오리 머리처럼 푸르고
새벽 노을은 성성이 피처럼 붉다.
누가 알리 이 나그네가
천하의 시인인 줄을.

―

百轉靑山裏, 閑行過洛東. 草深猶有路, 松靜自無風. 秋水鴨頭綠, 曉霞猩血紅.
誰知倦遊客, 四海一詩翁.

―

푸른 강물과 붉은 노을로 이루어진 아름다운 풍경 속에 자신의 존재를 점처럼 찍어 놓았다. '천하의 시인'이라는 말에서, 넓은 세상 속의 작지만 유일한 존재로 스스로에게 의미를 부여하고 있다는 느낌이 든다.

길을 가다 멈춰 서서

전부터 소갈증(消渴症)¹이 있더니만
한여름에 또 먼 길을 가게 되다니.
차 한 잔 마셔 보니
눈과 얼음을 삼키듯 시원하네.
솔숲 정자에서 또 잠깐 쉬노라니
온몸에 가을이 느껴지네.
어린 종은 영문을 모르고
오래 머뭇거린다고 이상해 하네.
내 성질 본래 매인 데 없이 느긋해
가는 곳마다 내키는 대로 머문단다.
험한 땅이 나오면 멈추면 되고
강물을 만나면 배를 띄우지.
여기에 머문들 무어 나쁘며
저기로 간들 무얼 바랄꼬.
커다란 천지(天地) 가운데
내 인생 즐겁고 한가롭다네.

1_ 소갈증(消渴症): 목이 쉬 말라 물을 자꾸 마시는 증세인데, 당뇨병에 걸리면 이런 증상이 나타난다.

一

舊有文園病, 盛夏復遠遊. 試嘗一甌茗, 氷雪入我喉. 松軒復暫息, 已覺渾身秋.
童僕殊未解, 怪我久夷猶. 我性本曠坦, 所至任意留. 得坎卽可止, 乘流卽可浮.
此留有何惡, 彼去有何求. 大哉乾坤內, 吾生得休休.

맘에 드는 곳이 나타나면 머물러 쉬고, 험한 땅과 강물이 막아서도 조급해 할 것 없다.
느긋한 이 마음을 배우고 싶다.

본래 구름과 물을 사랑하니

근심은 진한 술에 의지해 풀고
병든 몸은 등나무 지팡이가 부축해 주네.
바위는 거북처럼 단단히 웅크렸고
산봉우리는 성난 말처럼 치달리네.
바람도 없는데 소나무는 스스로 소리를 울리고
날이 개려니 안개가 먼저 피어나네.
본래 구름과 물을 사랑하니
전생에 중이 아니었을지.

陶愁憑釅醑, 扶病賴枯藤. 伏石頑龜縮, 奔峯怒馬騰. 無風松自籟, 欲霽霧光蒸.
素習愛雲水, 前身莫是僧.

정적인 것과 동적인 것, 청각적 이미지와 시각적 이미지를 적절히 교차시켜 마치 그와
함께 산길을 걷고 있는 것만 같게 한다.

객사에 오두마니 앉아

낡은 집엔 사람 산 지 오래되었고
쓸쓸한 마을에선 술 얻기도 어렵네.
시 읊으니 산새가 놀라고
연못에 밥 던지니 고기들 모이네.
강은 썰물 후에 고요하고
산빛은 해 질 무렵 환하네.
봄 게으름이 버릇이 되어
글귀가 생각나도 적어 두지 않네.

―

右院閒人久, 荒村得酒踈. 詠詩驚谷鳥, 投飯聚池魚. 江寂潮廻後, 山明日側初. 春慵渾作癖, 得句不須書.

고요한 강물과 환한 노을빛을 보며 시심(詩心)조차 고요해지는 봄날 저녁의 고즈넉한 풍경과 마음을 잘 그려 냈다.

경복사 가는 길

한 줄기 먼 길은 푸른 산을 감돌고
비단 모자 소나무에 닿아 가지 끝에 걸리네.
목말라도 우물 깊어 떠 마시기 어려운데
지나다 숨은 꽃 꺾어 들고 보았네.
잠자리는 맑은 개울 스쳐 지나고
도마뱀은 풀숲으로 숨어 버리네.
산길을 꼭 스님이 알려 줘야 하나
풍경 소리 울리는 곳 절일 터인데.

―

一路脩脩繞碧山, 觸松紗帽絓梢端. 渴窺深井難抔飮, 行遇幽花試折看. 蜻蜓點過淸溝上, 蜥蜴逃藏碧草中. 山路何須僧導去, 磬聲敲處認鷲宮.

―

경복사(景福寺)는 전라북도 완주군 고달산(고덕산이라고도 함)의 서쪽 기슭에 있던 절이다. 고구려 보장왕(寶藏王) 때 승려 보덕(普德)이 백제 완산주로 망명하여 지은 사찰인데, 조선 후기까지 존속되었으나 지금은 터만 남아 있다.

먼 산의 푸른빛

흐르는 세월 얼마나 지났는지
지난날 놀던 일 모두 꿈속 같구나.
시름겨운 수염은 어느덧 희끗하고
시인(詩人)의 모습은 산처럼 여위어 가네.
창문 여니 먼 산의 푸른빛이 들어오고
문 닫아거니 이끼는 청신하게 자라네.
벼슬도 없으면서 전원에 돌아감이 늦었으니
죽기 전 어느 때나 한가할 수 있을까.

―

流景環廻幾小還, 舊遊渾似夢魂間. 愁鬢苒苒方黏雪, 詩骨巉巉漸聳山. 岫爲窓開呈遠碧, 苔因門杜長新斑. 無官尙爾歸田晚, 未死何時得暫閑.

전원을 동경하는 그의 마음의 빛깔은 아마도 창문 너머 아스라이 보이는 푸른 산빛과 비슷하리라.

가랑비 지나고

듬성한 숲 사이로 바람 소리 절로 울리고
빗줄기 가늘어 질퍽대지 않네.
참새는 깃을 접고 다투어 둥지 찾고
닭은 목을 빼어 지붕에서 운다.

밥을 남겨 주니 주린 새 좋아하고
술이 익으니 벌 떼가 설친다.
조그만 채마밭에 처음 비 뿌리니
향긋한 나물 얼마나 더 자랐는가.

마당 쓸어도 숲 그림자 남고
정원을 매니 나무 뿌리 걸린다.
사람이 한가하니 늙은 스님 같고
사는 땅 외져서 산골 같구나.

굽은 언덕엔 꽃이 피어 눈이 어릿하고
그윽한 뜰엔 풀이 허리까지 오네.

얇은 노을은 비단이 흩어진 듯
세찬 비는 구슬처럼 어지러이 튕긴다.

바람은 팔랑팔랑 휘장을 흔들고
햇빛은 아른아른 처마 끝에 새어 든다.
통통한 버섯은 황이(黃耳)버섯만 하고
여린 버들가지는 푸른 허리 가늘다.

향기로운 술로 늘그막을 보내다
늦게 핀 꽃 보고 놀라노라.
산에 사는 노인에게 찻잎 얻어 오고
이웃집의 대나무를 한가로이 구경한다.

―

林踈空自籟, 雨細不成泥. 墮羽爭巢雀, 申吭叫屋雞.
飯殘飢鳥喜, 釀熟亂蜂多. 小圃雨初過, 香蔬添幾何.
掃地林餘影, 鋤園樹礙根. 人閑如老衲, 地僻似山村.
曲塢花迷眼, 深園草沒腰. 霞殘餘綺散, 雨急亂珠跳.
閃閃風搖幔, 微微日瀉簷. 菌肥黃耳大, 柳弱翠腰纖.
送老唯芳酒, 驚人忽晚花. 乞茶憑岳叟, 看竹懶隣家.

숲 그림자가 드리워진 뜰에서 새들과 밥을 나눠 먹고 눈이 어릿하도록 곱고 흐드러지게 피어난 꽃들을 보기도 한다. 고요한 뜰에 가랑비가 지난 뒤 풍경은 더욱 청신하다.

바위 틈 시냇물

물이 빨리 흐르는 걸 볼 때면
세월이 가는 게 생각나 슬펐다네.
맑은 냇물이 내 마음을 알았나
바위 곁을 머뭇거리며 일부러 더디 가네.

―

每見東流疾, 潛懷逝者悲. 淸泉知我意, 礙石故逶遲.

천천히 흐르는 냇물에게 늙어 가는 쓸쓸한 마음을 위로받는다. 냇물과 교감할 수 있는 그 마음이 맑다.

긴 봄날

소나무 정자에 봄날이 긴데
낮잠 자다 처음 깨어났네.
비 오려나 주춧돌이 촉촉해지고
바람 있어 거문고 절로 울리네.

오후엔 나무 그림자 창에 비스듬하고
맑은 날 꽃그늘은 땅에 가득해.
거문고 탈 생각조차 일지 않으니
비로소 일 없음을 깨닫네.

따스한 봄 새소리 보드랍고
해 질 무렵 사람 그림자 길어라.
작은 정원에 산의 정취 넉넉하니
마음 가는 대로 거닐어 보네.

—

松亭春日永, 午枕夢初驚. 欲雨礎先潤, 有風琴自鳴.

樹影晚斜窓, 花陰晴蒲地. 素琴猶懶彈, 始覺眞無事.
春暖鳥聲軟, 日斜人影長. 小園山意足, 隨意自徜伴.

봄날은 해 질 무렵 그림자만큼이나 긴데, 홀로 지내는 고요한 마음을 새소리가 보드랍게 어루만져 준다. 홀로 보내는 긴 봄날의 한적하고 아름다운 정취가 잘 드러나 있다.

산을 나서며

밝은 달은 나 오는 걸 마중하려고
밤중에 맑은 시냇물에 뜨고
흰구름은 나 가는 걸 배웅하려고
새벽 푸른 산기슭에 도네.
갈 때 올 때 다 짝이 있으니
누가 나더러 혼자 노닌다 하리.

明月迎我來, 夜入淸溪曲. 白雲送我廻, 曉出靑山麓. 去來皆有伴, 誰謂予遊獨.

나에게 가장 어울리는 짝은 자연이다. 홀로 있을 때 아무런 부족함 없이 충만함을 느낄 수 있는 것도 이 때문이다.

동명왕의 노래

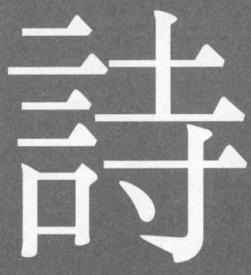

동명왕의 노래

혼돈이던 원기(元氣: 만물의 정기)가 갈라져서
천황씨(天皇氏)와 지황씨(地皇氏) 되었네.
천황씨는 머리가 열셋 지황씨는 열하나
그 모습 퍽이나 기이하였지.
그 나머지 성스러운 제왕들의 이야기
경전과 역사책에 실려 있다네.
여절(女節)은 커다란 별빛을 받아
소호(少昊)를 낳았고[1]
여추(女樞)가 전욱(顓頊)[2]을 낳게 된 것도
북두성(北斗星) 광채를 받아서이지.
복희씨(伏羲氏)[3]는 희생 제도 마련하였고
수인씨(燧人氏)는 나무 비벼 불 일으켰네.
명협(蓂莢)이 난 것은 요(堯)임금의 길조(吉兆)[4]
곡식비 내린 건 신농씨의 상서(祥瑞).[5]
여와(女媧)는 구멍 난 하늘 기웠고[6]
우(禹)임금은 큰 홍수 다스렸다지.
황제(黃帝)[7]가 하늘에 오르려 할 제

1_ 여절(女節)은~낳았고: 여절은 천상의 선녀로서 황아(皇娥)라고도 한다. 궁상(窮桑)이라는 크고 아름다운 뽕나무 아래에서 계명성(啓明星: 금성)의 정령과 만나 서방(西方)을 관장하는 신 소호를 낳았다고 한다. 소호는 황제(黃帝)의 아들이라는 설도 있다.
2_ 전욱(顓頊): 황제(黃帝)의 증손자로, 고대 전설 속의 제왕.
3_ 복희씨(伏羲氏): 고대의 제왕 가운데 한 사람. 백성들에게 고기잡이와 목축을 가르치고 처음으로 팔괘(八卦)와 문자를 만들었다 한다.
4_ 명협(蓂莢)이~길조(吉兆): 명협은 모두 열다섯 개의 잎이 보름 동안 차례로 하나씩 달렸다가 또 하나씩 떨어지는 것으로써 한 달의 날짜를 알려 주는 상서롭고 신기한 풀인데, 요

턱수염 난 용이 찾아와 그를 태워 갔지.
태곳적 순박할 때는
신령하고 성스러운 일 이루 다 적을 수도 없었는데
후세에 인정이 점점 각박해지고
풍속은 거의 다 사치해졌네.
성인(聖人)이 간간이 태어났어도
신령한 자취 나타난 일 드물었다지.

한(漢)나라 신작(神雀) 3년[8]
북두칠성 동남쪽을 가리키는 초여름이었네.
해동(海東)의 해모수(解慕漱)는
참으로 천제(天帝)의 아들.
처음 하늘에서 내려올 적에
다섯 용이 끄는 수레를 탔네.
그를 따르는 백여 명의 신하들
고니 타고 옷자락 휘날렸지.
금옥(金玉) 소리 맑은 음악 일렁이는데
오색구름 뭉게뭉게 피어올랐네.
예부터 천명(天命) 받아 임금 되나니
그 누군들 하늘의 명 아니 받았으랴마는

임금의 궁궐 뜰에 돋아났다 한다.
5_ 곡식비~상서(祥瑞): 신농씨는 태양과 농업의 신이다. 그가 사람들에게 곡식 심는 법을 가르칠 때 하늘에서 수많은 곡식의 씨앗이 떨어져 내리자, 그는 이 씨앗들을 모아 밭에 심었다 한다.
6_ 여와(女媧)는~기웠고: 여와는 인류를 만들어 낸 어머니신이다. 인류가 생기고 얼마 있지 않아 하늘의 한 귀퉁이가 무너져 구멍이 나서 큰 홍수가 나게 되자, 여와는 오색의 돌을 녹여 만든 아교 같은 것으로 하늘의 구멍을 메우고 큰 거북의 발을 기둥으로 삼아 하늘을 지탱하게 하였다.

대낮에 하늘에서 내려온 것은
옛적부터 보지 못한 일이었다지.
아침엔 인간 세상에 있다가
저녁엔 하늘 궁궐로 돌아간다네.
내 옛사람에게 들으니
하늘에서 땅까지의 거리가
이억만 팔천
칠백팔십 리라네.
사다리로 오르기도 어렵고
날개가 있어도 쉬 지칠 텐데
아침저녁 맘대로 오르내리니
이런 이치 어찌 또 있으리.

성 북쪽 청하(靑河: 압록강)엔
하백(河伯)의 어여쁜 세 딸9_
새파란 물결을 헤치고 나와
웅심연(熊心淵) 물가에 가 노닐었었네.
옷에 매단 옥구슬 쟁그랑거리고
얌전한 그 얼굴 꽃처럼 고왔지.
처음엔 한고대(漢皐臺)10_의 선녀인가 했다가

7_ 황제(黃帝): 고대의 제왕 가운데 한 사람. 신농씨의 뒤를 이었고, 치우(蚩尤)와의 전투에서 승리하여 천자로 등극했다.
8_ 신작(神雀) 3년: 신작(神雀)은 한나라 선제(宣帝)의 연호. 신작 3년은 기원전 59년이다.
9_ 하백(河伯)의~세 딸: 맏이의 이름은 유화(柳花: 버들꽃), 둘째는 훤화(萱花: 원추리꽃), 막내는 위화(葦花: 갈대꽃)이다.
10_ 한고대(漢皐臺): 한고(漢皐)는 중국 호북성(湖北省)에 있는 산의 이름이다. 주나라 때 정교보(鄭交甫)라는 사람이 이곳을 지나다가 선녀에게서 옷에 매단 구슬을 선물받았다는 전설이 있다.

다음엔 낙수(洛水)의 복비(宓妃)[11] 인가 했다네.
해모수 나가서 사냥하다 보고
눈짓을 보내며 마음 두었네.
화려한 모습을 좋아해서가 아니라
참으로 후계자 얻기가 바빠서였지.
세 처녀 해모수가 오는 걸 보고
물속에 들어가 한참을 피했네.
해모수는 장차 궁전을 지어
함께 와서 노닐 때 기회 엿보려
말채찍으로 한번 땅을 그으니
구리 집이 어느새 솟아올랐네.
화려한 비단 자리 깔아 놓고서
좋은 술 금 술잔에 따라 놓았네.
과연 사뿐사뿐 걸어 들어와
마주 앉아 마시고 취해 돌아가는 길
해모수 이때다 나와 가로막으니
놀라 달아나다 미끄러져 넘어지고
맏딸 유화(柳花)가
그예 붙잡히고 말았네.
하백이 크게 노하여

11_ 낙수(洛水)의 복비(宓妃): 낙수(洛水)는 황하의 지류로 섬서성(陝西省)에서 발원하는 강의 이름이고, 복비(宓妃)는 복희씨의 아름다운 딸로, 낙수에 빠져 죽은 후 낙신(洛神)이 된 여인이다.

사자(使者)를 시켜 급히 달려가
말 전하길 "너 어떤 사람이기에
감히 경솔하고 방자한 짓을 하는가?"
대답하길 "이 몸은 천제의 아들
고귀한 가문과 맺어지고 싶습니다."
하늘을 가리키니 용이 끄는 수레 내려와
그 길로 깊은 바다 궁궐에 이르렀네.
하백이 해모수에게 이르길
"혼인은 인륜지대사(人倫之大事)
중매와 예물(禮物)의 법도 있거늘
어떻게 제멋대로 할 수 있겠나?
그대가 상제(上帝)의 아들이라면
무궁무진한 변화를 시험해 볼까."
푸르게 일렁이는 물결 속에서
하백이 변하여 잉어가 되니
해모수 변하여 수달이 되어
몇 걸음 못 가서 곧바로 잡네.
또다시 두 날개가 나서
푸득푸득 꿩이 되니
해모수 다시 영묘(靈妙)한 매가 되어

후려치는 모습 어찌 그리 사나운지.
저쪽에서 사슴이 되어 달아나면
이쪽은 승냥이가 되어 쫓았네.
하백은 신령한 힘 있다는 걸 알고
술자리 벌이고 서로 즐거워했네.
해모수 취한 틈타 가죽 수레에 싣고
딸 또한 수레에 함께 태웠네.
그 뜻은 해모수가 딸과 더불어
하늘 위로 수레 몰아 올라가라고.
그 수레 물 밖에 나오기 전에
술이 깨어 갑자기 놀라 일어나
유화의 금비녀로
가죽 찢고 구멍으로 나와
홀로 붉은 하늘로 올라가
소식 없이 다시는 돌아오지 않으니
하백은 그 딸을 꾸짖으며
입술을 잡아당겨 석 자나 늘여선
우발수(優渤水) 가운데로 쫓아내고
여자종 두 사람만 보내 주었네.
어부가 물속을 보니

이상한 짐승이 뚜벅뚜벅 다니기에
곧 금와왕(金蛙王)에게 보고하여
철망을 강물 깊이 던졌네.
돌에 앉은 여인을 끌어냈더니
생김새 대단히 두려웠네.
입술이 길어 말을 못하다가
세 번 자른 뒤에야 입을 열었네.
왕은 해모수의 왕비인 걸 알고
곧 별궁(別宮)에 있게 하였네.
햇빛을 품고 주몽(朱蒙) 낳으니
이해가 바로 계해년(기원전 58년)이네.
골격이 참으로 기이하고
울음소리 또한 유달리 컸네.
처음에 한 되 크기 알을 낳으니
보는 이들 저마다 깜짝 놀랐고
금와왕은 상서롭지 못하다 여겨
이 어찌 인류(人類)가 될까 보냐 했네.
마구간 속에 두었더니
여러 말들이 죄다 밟지 않고
깊은 산 속에 버렸더니

온갖 짐승 에워싸고 지켰네.
어머니가 우선 데리고 기르니
한 달이 지나자 말문 트였네.
스스로 말하길 "파리가 눈을 빨아서
누워도 편안히 잠을 못 자요."
어머니가 활과 화살 만들어 주니
그 활은 빗나가는 법이 없었지.
해마다 점점 장성해 가며
재능도 날마다 갖춰 나갔네.
부여의 태자는
시기하는 마음이 생겨
말하길 주몽이란 놈은
일찍 처치하지 않으면
후환이 끝없으리라 했네.
금와왕은 주몽을 말 먹이러 보냈으니
그의 뜻을 시험하려 해서였지.
스스로 생각하니 천제의 손자로서
말이나 기르다니 참으로 부끄러워
가슴을 부여잡고 늘상 홀로 탄식했네.
"사는 게 죽느니만 못하다.

맘 같아선 장차 남쪽 땅에 가서
나라도 도읍도 세우고 싶은데
인자하신 어머니 계신 때문에
이별이 참으로 쉽지 않구나."
그 어머니 이 말 듣고
흐르는 눈물 씻으며
"너는 행여 괘념치 마라
나도 언제나 마음 아팠으니.
장사(壯士)가 먼 길을 가려고 하면
반드시 좋은 말이 있어야 하지."
아들을 데리고 마구간에 가서
긴 채찍으로 말을 때리니
여러 말들 제각기 달아나는데
붉은빛 얼룩말 한 마리 있어
두 길 되는 울타리를 뛰어넘으니
준마(駿馬)인 줄 비로소 깨달았다네.
남몰래 말의 혀에 바늘 꽂으니
아프고 쓰라려 먹지 못하고
며칠 못 되어 비썩 말라서
마치 둔한 말처럼 보이게 됐네.

그 뒤에 왕이 돌아보다가
바로 이 말을 주몽에게 주었네.
얻게 되자 비로소 바늘을 뽑고
밤낮으로 자주 먹이를 줬네.
남모르게 세 사람의 어진 벗[12]과 맺어지니
그 사람들 모두 지혜 많았네.
남쪽으로 떠나 엄체수(淹滯水)[13]에 이르니
건너려 하여도 배가 없어서
채찍을 잡고서 저 하늘 가리키며
서글피 긴 탄식 내뱉었네.
"천제의 손자요 하백의 외손자
난을 피하여 여기까지 왔습니다.
가엾게 홀로 남은 어린이의 마음
하늘과 땅은 차마 버리시렵니까."
활을 잡아 강물을 치니
물고기와 자라가 나란히 줄을 지어
우뚝하니 다리를 만드니
비로소 건널 수 있었네.
이윽고 추격하던 병사들이 이르러
다리에 오르니 다리 곧 무너졌지.

12_ 세 사람의 어진 벗: 오이(烏伊), 마리(摩離), 협보(陜父)이다.
13_ 엄체수(淹滯水): '개사수'(蓋斯水)라고도 하며, 지금의 압록강 동북쪽에 있다.

비둘기 한 쌍 보리알 물고
신모(神母)의 사자(使者)14_ 되어 날아왔다네.
형세 좋은 땅에 왕도(王都)를 여니
산천이 울창하며 높고 우뚝했네.
스스로 띠풀 자리 위에 앉아서
대강 임금과 신하 자리를 정했네.
어허! 저 비류왕(沸流王)은
어째서 스스로 헤아리지 못하고
신선의 후예인 것만 자랑하다가
고귀한 천제의 손자 알아보지 못하고
한갓 부용국(附庸國: 제후국에 복속된 조그만 나라)으로 삼으려 하여
말하는 데 조심하지도 겁내지도 않네.
사슴 그림의 배꼽도 못 맞히고
옥가락지 깨뜨린 데 놀랐지.15_
북과 피리 색깔이 바뀐 걸 보고
감히 내 것이라 말도 못 했지.16_
집 기둥이 오래된 걸 보고는
말 못하고 도리어 부끄러워했지.17_
동명왕(東明王)이 서쪽으로 사냥하며 돌아볼 때

14_ 신모(神母)의 사자(使者): 주몽이 떠나기 전에 유화 부인은 오곡의 씨앗을 준비해 주었는데 주몽은 그 가운데 보리 씨앗을 실수로 두고 와 버렸다. 이에 유화 부인은 비둘기 편에 보리 씨앗을 보내 준 것이다.

15_ 사슴 그림의~놀랐지: 비류왕 송양(松讓)은 사냥 중에 주몽을 만나 그의 재주를 시험하고자 활쏘기 시합을 했다. 비류왕은 표적인 사슴 그림의 배꼽을 맞추지 못하고 힘들어했는데, 주몽은 옥가락지를 100보 밖에 걸어 둔 것을 쏘아 맞춰 깨뜨렸다.

16_ 북과 피리~말도 못 했지: 주몽은 나라의 위의를 갖추기 위해 북과 피리를 필요로 했는데, 주몽의 부하인 부분노(扶芬奴)가 비류국의 북과 피리를 가지고 와서 오래 가지고 있

우연히 커다란 눈빛 노루 얻었네.

해원(蟹原) 위에 거꾸로 달아매고

감히 스스로 저주하기를

"하늘이 비류에 비를 내려

그 도읍과 변두리를 잠겨 떠내려가게 하지 않는다면

나는 절대 너를 놓아주지 않으리니

너는 내 분노를 풀어 줄 수 있겠는가?"

노루의 우는 소리 매우 슬퍼서

위로 천제의 귀에까지 사무쳤다네.

장맛비가 이레 동안 퍼부어

회수(淮水)와 사수(泗水)18를 기울인 듯 주룩주룩 내렸네.

비류왕 송양(松讓)은 걱정스럽고 두려워

부질없이 흐르는 물 따라 갈대 밧줄 가로질렀네.

백성들 다투어 와서 그 밧줄 잡아당기고

서로 쳐다보며 땀을 흘렸네.

동명왕이 곧 채찍을 들어

물을 그으니 물은 불어나길 멈추었네.

송양의 온 나라 항복하고

이 뒤로는 이쪽을 헐뜯지 못했네.

검은 구름이 골령(鶻嶺)을 덮어

었던 것처럼 보이도록 거무스레하게 색을 입혀 놓았다. 송양은 이걸 보고 아무 말도 못하고 돌아갔다.

17_ 집 기둥이~부끄러워했지: 송양이 누가 먼저 나라를 세웠는지 따져 보자고 하니 주몽은 썩은 나무로 대궐의 기둥을 세워 천 년 묵은 것처럼 보이게 했다.

18_ 회수(淮水)와 사수(泗水): 회수는 중국 하남성(河南省)에서 발원하여 1,000km나 흘러가는 큰 강이고, 사수는 산동성(山東省)에서 발원하여 회수와 합쳐지던 강이다.

구불구불 이어진 산 뵈지 않는데
수천 명 사람의 소리가 들리니
나무 베는 소리와 비슷하였네.
왕 말하길 "하늘이 나를 위하여
그 터에 성을 쌓는 것이다."
홀연히 구름 안개 걷히고 나니
궁궐이 우뚝이 솟아 있었네.
왕위에 있은 지 십구 년 만에
하늘에 올라 내려오지 않았네.
뜻이 크고 절개가 빼어났으니
원자(元子)의 이름은 유리(類利)라 하네.
칼을 얻어 아버지 뒤를 이었고
동이 구멍 막아서 남의 꾸짖음 막았지.19_

내 성품 본디 질박해
기이하고 괴상한 일 좋아하지 않네.
처음에 동명왕의 일을 보고서
요술인가 귀신인가 의심했는데
찬찬히 서로 관련지어 보니
신기한 변화를 헤아려 따지기 어려웠네.

19_ 칼을 얻어~막았지: 주몽은 아내와 아들을 남겨두고 나라를 세우러 떠나면서 집의 주춧돌 아래에 칼 반쪽을 감춰 두었는데 유리가 이것을 찾아내어 친아들이라는 증표로 삼았다. 유리 역시 활을 잘 쏘았는데, 하루는 어떤 아주머니가 이고 가던 물동이를 쏘았다가 꾸지람을 듣고는 곧바로 진흙 뭉친 것을 활로 쏘아 동이의 구멍을 막았다.

하물며 이것은 직필로 쓴 글이라
한 글자도 헛된 글자가 없음에랴.
신이하고도 신이하도다!
만세에 아름다운 일이어라.
새로 나라 세워 임금 되는 일
성인(聖人)이 아니면 어찌 이루랴.
유온(劉媼)[20] 은 큰 못에서 쉬다가
꿈속에서 신을 만났나니
천둥번개 치고 천지는 캄캄한데
괴이하고 거대한 교룡이 서려 있었네.
이윽고 곧 태기가 있어
성스러운 한고조(漢高祖, 유방劉邦)를 낳은 거라네.
그는 바로 적제(赤帝)의 아들[21]
나라 일으킬 때 신기한 징조 많았네.
광무제(光武帝, 유수劉秀)가 처음 태어날 땐
온 집에 밝은 빛이 가득하더니
붉은 부절(符節)[22] 의 예언대로 이루어져
황건적을 소탕했다네.[23]
예부터 제왕이 일어날 땐
상서로운 징조가 많았었는데

20_ 유온(劉媼): 한나라 고조 유방(劉邦)의 어머니.
21_ 적제(赤帝)의 아들: 적제는 남방과 여름의 신이다. 한고조 유방은 적제의 아들이라는 전설이 있었다.
22_ 부절(符節): 대나무 조각을 반으로 쪼개어 약속의 증표로 삼은 것.
23_ 붉은 부절(符節)의~소탕했다네: 유수가 제왕이 되기 전 "유수가 군사를 일으켜 무도한 자를 토벌하고 임금이 되리라"라는 글귀가 적힌 붉은 부절이 발견되었다는 이야기가 있다.

말세의 자손은 게으르고 소홀해
모두 선왕의 제사를 잇지 못했네.
이제야 알겠네 잘 계승하는 임금은
고난을 만나면 작은 일부터 스스로 조심하여
너그러움과 어짊으로 왕위를 지키고
예(禮)와 의(義)로 백성을 교화하여
길이길이 자손에게 전하고
오래도록 나라를 통치하게 했음을.

이규보는 처음에는 황당하고 기괴하다며 동명왕의 이야기를 믿지 않았는데 『구삼국사』(舊三國史)라는 책을 읽고 이것을 신화로서 진지하게 받아들이게 되었다. 그는 동명왕의 신화가 김부식(金富軾)의 『삼국사기』(三國史記)에서 누락된 것을 애석해 하며 나라를 창시한 신이한 사적을 역사에 전하고자 하는 심정에서 이 작품을 썼다.

누가 과연 미친 사람인가

백운거사는 누구인가

　백운거사(白雲居士)는 이규보 선생이 자기에게 붙인 호(號)다. 자신의 본명을 감추고 호를 드러낸 것이다. 그가 이런 호를 스스로 붙이게 된 취지는 그의 글 「백운거사 어록」에 자세히 적혀 있다.
　백운거사의 집에는 식량이 떨어져 끼니를 잇지 못하는 일이 잦았으나 그는 아무렇지도 않게 유쾌히 지냈다. 성격이 소탈하여 스스로를 잡도리할 줄 몰랐으며, 온 천지와 우주를 좁게 여겼다. 항상 술을 마셔 어질어질하면서도 누구라도 불러 주면 반가이 나갔다가 잔뜩 취해서 돌아오곤 했으니, 아마도 옛날의 애주가 시인(詩人) 도연명(陶淵明)과 같은 무리가 아니겠는가. 그는 거문고를 타고 술을 마시며 이렇게 세월을 보냈다. 이것은 그의 기록이다. 백운거사는 취하면 시를 읊고, 스스로 전(傳)을 짓고 스스로 찬(贊)을 지었다.
　그 찬(贊)은 이러하다.
　"그의 뜻은 본래 천지의 밖에 있나니, 하늘과 땅도 그를 가두지 못하리. 이제 끝없이 텅 빈 세계에서 우주의 순수한 근원과 더불어 노닐 것이라네."

전(傳)이란 어떤 사람의 일생을 적은 글이고, 찬(贊)이란 어떤 대상을 예찬하고 기리는 글이다. 이규보의 호탕하고 자유로운 모습이 부각되어 있다.

백운거사 어록

나는 이름을 감추고 싶어 내 이름을 대신할 만한 것을 생각해 보았다.

옛날 사람 중에는 호(號)를 지어 이름을 대신한 이가 많았다. 자기가 사는 곳의 이름을 따와서 호를 지은 이도 있고, 자기가 아끼는 소유물로 호를 삼은 이도 있으며, 인생에서 깨달은 것을 가져와 호를 지은 이도 있었다. 이를테면 왕적(王績)이 동고자(東皐子: 동쪽 언덕의 선생)를, 두보(杜甫)가 초당선생(草堂先生: 초가집 선생)을, 하지장(賀知章)이 사명광객(四明狂客: 사명의 미친 손님)을, 백낙천(白樂天)이 향산거사(香山居士: 향산의 은둔자)를 호로 삼은 것은 자신이 사는 곳의 이름을 따온 것이다. 한편, 도잠(陶潛)이 오류선생(五柳先生: 다섯 그루 버드나무를 둔 선생)을, 정훈(鄭熏)이 칠송처사(七松處士: 일곱 그루 소나무를 둔 은둔자)를, 구양수(歐陽脩)가 육일거사(六一居士)[1]를 호로 삼은 것은 자신이 아끼는 소유물에서 따온 것이다. 그리고 장지화(張志和)가 현진자(玄眞子: 현진 선생. 현진은 아득히 깊고 참되다는 뜻)를, 원결(元結)이 만랑수(漫浪叟: 제멋대로 사는 노인)를 호로 삼은 것은 인생에서 깨달은 어떤 것을 호로 삼은 것

1_ 육일거사(六一居士): 여섯 가지를 가진 은둔자라는 뜻인데, 그 여섯 가지는 책·금석문·거문고·바둑판·술단지·자신의 몸을 가리킨다.

이다.

그러나 나는 이분들과 다르다. 부평초처럼 사방으로 떠돌아다니니 사는 곳이 일정치 않고 휑뎅그렁하니 가진 것 하나 없으며, 겸연쩍은 말이지만 살다가 깨달은 것도 없다. 세 가지 모두 이렇게 옛사람의 경지에 이르지 못하니 호를 어떻게 지어야 한단 말인가?

누군가는 초당선생(草堂先生)[2]이 어떠냐고 했지만 두보의 호(號)인지라 사양했다. 더구나 나는 초당에 잠깐 머물러 지냈을 뿐 내내 산 것도 아니다. 잠깐 머물렀던 곳마다 모두 이름을 따와 호를 짓는다면 내 호는 퍽이나 많을 것이다.

나는 원래 거문고와 술과 시, 이 셋을 몹시 좋아하여 처음에는 삼혹호선생(三酷好先生: 세 가지를 몹시 좋아하는 선생)이라는 호를 지었다. 그러나 거문고도 잘 못 타고 시도 잘 짓지 못하며 술도 많이 마시지 못하면서 이런 호를 갖고 있다면 세상 사람들이 듣고 껄껄 웃지 않겠는가?

그래서 이제 백운거사(白雲居士: 흰구름 은둔자)라고 호를 바꿨더니 어떤 사람이 이렇게 물었다.

"자네, 속세(俗世)를 벗어나 푸른 산에 들어가 흰구름 속에 누우려는 건가? 어째서 이런 호를 지었나?"

나는 이렇게 대답했다.

2_ 초당선생(草堂先生): 두보는 사천성(四川省) 성도(成都)의 교외에 초당을 지어 전란으로 인한 긴 유랑 생활을 접고 모처럼 평화로운 시절을 보내게 되었다. 그때 두보가 스스로를 초당선생이라 일컬었다.

"그런 게 아닐세. 흰구름을 흠모해서네. 어떤 것을 흠모하여 배우면 비록 그 본질을 깨닫지는 못하더라도 그와 비슷하게는 되지 않겠나.

대개 구름이란 것은 뭉게뭉게 피어나 한가롭게 떠다니지. 산에도 머물지 않고 하늘에도 매이지 않으며, 동쪽이든 서쪽이든 훨훨 날아다녀 어디에도 구애받지 않는다네. 잠깐 사이에 변화하니 처음도 끝도 헤아릴 수 없지.

뭉게뭉게 성대하게 펼쳐지는 모양은 군자(君子)가 세상에 나서는 것 같고, 스르르 걷히는 모습은 고매한 선비가 은둔하는 것 같네. 비를 내려 메마른 초목을 살리니 어질다 하겠으며, 왔다가도 정착하지 않고 떠날 때도 미련을 남기지 않으니 화통하다 하겠네. 그리고 구름의 원래 빛깔은 푸르거나 누렇거나 붉거나 검은 것이 아니라네. 오직 아무런 빛깔 없이 희디흰 것이 구름의 본질적인 색깔이지. 구름은 저렇게 좋은 덕(德)이 있기에 이처럼 순수한 빛을 갖게 된 거라네.

만약 저 구름을 흠모하여 배운다면, 세상에 나가서는 만물에 은택을 주고, 집에 머물러 있을 때엔 허심(虛心)으로 새하얀 깨끗함을 지키고 변함없는 모습으로 지낼 수 있겠지. 그리하여 아무런 소리도 빛깔도 없는 드넓고 텅 빈 자유의 세계로 들어가게 된다면 구름이 나인지 내가 구름인지 알 수도 없겠지. 이 정도면 옛사람들이 인생에서 깨달은 것과 비슷하지 않겠나?"

그러자 어떤 사람은 다시 이렇게 물었다.

"거사(居士)라고 한 건 어째서인가?"

"속세를 벗어나 산에 살건 속세에 머물러 집에 살건, 도(道)를 즐기는 사람이라야 거사라 부를 수 있는 거라네. 나는 집에 살고 있지만 도를 즐거워하는 사람이거든."

이렇게 대답했더니 그 어떤 사람은 말했다.

"이렇게 잘 알고 보니 자네 말이 이치를 꿰뚫고 있네그려. 기록해 둬야겠네."

그래서 적어 둔다.

이규보에게 흰구름은 그저 어디에도 얽매이지 않고 떠다니는 자유로운 마음의 표상만은 아니다. 비를 내려 메마른 초목을 살리는 데서 알 수 있듯 만물에 대한 연민을 품고 있는 존재이며, 흰 빛깔에서 나타나듯 변함없는 순수함을 간직한 존재이기도 한 것이다.

누가 과연 미친 사람인가

세상 사람들 모두 백운거사(白雲居士)더러 미쳤다지만 그는 미치지 않았다.

아마 그에게 미쳤다고 하는 자가 더욱더 미친 사람일 것이다. 그들은 대체 무얼 보고 들어 그런 말을 하는 건가? 백운거사가 과연 어떻게 미쳤던가? 벌거벗고 맨발로 물이나 불에 뛰어들던가? 이가 으스러지고 입술에 피가 나도록 모래와 돌을 으적으적 씹던가? 하늘을 쳐다보고 욕을 하고, 발을 구르며 땅을 야단치던가? 산발을 하고 울부짖고, 잠방이를 벗고 뛰어다니던가? 겨울에도 추운 줄 모르고 여름에도 뜨거운 줄 모르던가? 바람을 잡으려 하고 달을 붙들려 하던가? 이런 일이 있었다면 어쩔 수 없지만, 그렇지도 않은데 어찌 미쳤다 하는 건가?

아! 세상 사람은 한가하게 지낼 때에는 생김새나 말씨며 옷차림이 제법 사람 같다가도, 하루아침에 벼슬자리에 앉으면 똑같은 손으로 하는 일이 그때그때 다르고, 마음은 하나인데 이랬다저랬다 한결같지 못하며, 보고 듣기를 똑바로 하지 못하고, 동서(東西)도 분간하지 못하게 되며, 어지러움과 혼란에 뒤덮이게 된다. 그리하여 결국 바른길로 돌아갈 줄 모르게 되어, 고삐를 놓치고 궤도에서 벗어난 마차처럼 뒤집혀 엎어지고야 말게 된다. 이렇게 되면 겉으로는 버젓할지 모르지만 속은 실상 미친 사람이다. 이런 미친 사람은 앞에서 말했던 물과 불에 뛰어들고 모래와 돌을 깨물어 씹는 부류보다 더 심하지 않겠는가? 슬프다! 세상에는 이렇게 미친 사람이 많은데, 자기는 돌아보지 않고 어느 겨를에 거사를 보고 미쳤다고 웃는 것인가?

거사는 미치지 않았다. 행동은 미친 것 같아도 그 뜻은 바른 사람이다.

미쳐 돌아가는 세상에 홀로 깨어 있는 사람의 답답한 심정이 잘 나타나 있다.

실속 없는 유명세

나는 오덕전(吳德全) 선생에게 이런 질문을 한 적이 있다.

"우리나라에는 예부터 문장으로 세상을 울린 사람은 많아도, 소 치는 아이나 심부름꾼 아이들까지 그 문장가의 이름을 알고 있는 경우는 드뭅니다. 그런데 선생(先生)의 이름이라면 부녀자들이나 어린이들까지도 모르는 사람이 없으니 어쩐 일인가요?"

선생은 웃으며 이렇게 대답했다.

"내가 평소에 나이 든 학생의 처지로 입에 풀칠하느라 사방 아니 간 곳이 없기에 나를 아는 사람이 많아진 것이지요. 게다가 연달아 과거 시험에 응시했다가 번번이 떨어져서 사람들이 모두 나를 두고 '아무개가 올해도 또 급제를 못했구먼' 하고 이야기를 하니 사람들의 눈과 귀에 익숙해진 것일 뿐입니다. 재주가 있어서 유명한 게 아니지요. 실속도 없이 허랑한 유명세를 치르는 게 마치 아무 잘한 일도 없이 봉급만 어마어마하게 받는 것 같지 뭡니까. 내가 이래서 지금처럼 가난하게 지내는가 봅니다. 내 평생에 싫은 일이 바로 유명해지는 것이지요."

선생은 이처럼 겸손하다.

어떤 사람은 오덕전 선생을 두고 '재주만 믿고 남에게 거만하게 군다'라고 하는데, 이 말은 선생을 몰라도 너무 모르는 말이다.

오덕진은 뛰어난 시인으로 당대에 이름이 있었으나 처지는 불우한 편이었다. 과거에 연거푸 떨어진 걸 심상하게 얘기하고 자신의 유명세에 전혀 동요되지 않는 데서, 그의 인물됨을 엿볼 수 있다.

과일나무 접붙이기

일 중에는 처음에는 터무니없고 괴상한 요술인 것 같다가 나중에는 진짜임을 알게 되는 것이 있는데, 과일나무에 접붙이는 일이 바로 그러하다.

나의 아버지가 살아 계실 때, 키다리 전씨(田氏)라는 별명을 가진 사람이 과일나무에 접을 잘 붙였더랬다. 그래서 아버지께서는 그에게 접붙이기를 한번 해 보라고 하셨다. 우리 집 뜰에는 좋지 않은 배나무 두 그루가 있었는데 전씨는 그걸 모두 톱으로 잘라 버렸다. 그러고는 세상에서 좋다고 이름난 배나무를 찾아 그 가지 몇 개를 잘라 와서, 우리 집 배나무의 그루터기에 꽂고 진흙을 두툼하게 발라 고정시켰다.

당시에 그것을 보았을 때는 터무니없는 일 같았고, 싹이 뾰족이 나오고 잎이 피어날 때에도 괴상한 요술인 것만 같았다. 그런데 여름에 잎사귀가 무성해지고 가을에 열매가 주렁주렁 달리니, 결국에는 진짜임을 믿게 되었고 터무니없고 괴상한 요술 같다는 의심도 비로소 사라졌다.

아버지께서 돌아가신 지 9년이 되었지만 이 나무를 보고 열매를 먹을 때마다 언제나 아버지의 얼굴이 생각나곤 한다. 그래서 때로 나무를 부여잡고 목메어 울며 차마 떠나지 못한 적도 있다.

옛사람은 한 팥배나무 아래 소백(召伯)이라는 어진 재상이 잠깐 쉬어 갔다 하여 그 나무를 베어 내지 않고 소중히 간직하였고, 이웃 나라 외교관을 초청한 자리에서 그 외교관이 정원의 나무가 아름답다고 칭찬하자 그 나무를 잘 가꾸어 두 나라 사이의 친선의 의미를 담고자 하였다. 그런데 하물며 이 배나무는 아버지께서 예전에 가지고 계시다가 나에게 물려주신 것이니, 이 나무를 대할 때의 공경하는 마음이야, 베어 내지 않고 잘 가꾸는 정도에 그칠 수 있겠는가. 그 열매도 꿇어앉아 먹어야 마땅한 것이다.

생각해 보면 아버지께서 이 나무를 나에게 물려주신 것은, 아마도 내가 이 나무를 본받아 잘못을 고치고 선한 사람이 되기를 바라셨기 때문이 아닐까. 그래서 기록해 두고 나를 깨우치려 하는 것이다.

나쁜 그루터기에 접을 붙여 훌륭하게 자라난 배나무를 보며, 개과천선의 교훈을 발견하고 있다. 돌아가신 아버지와의 추억이 어린 배나무이니 그 가르침은 남다를 것이다.

온실을 반대한다

시월 초하루의 일이다.
내가 밖에서 돌아오니 아이들이 흙을 파서 움집을 짓고 있었는데 그 모양이 무덤과 같았다. 나는 아무것도 모르는 척 물었다.
"어째서 집 안에다 무덤을 만든다지?"
아이들은 말했다.
"이건 무덤이 아니라 흙집이에요."
"이걸 왜 만드는 거냐?"
"겨울에도 화초를 심어 둘 수 있고, 과실을 저장해 두기에도 좋거든요. 또 아주머니들이 베를 짤 때도 좋아요. 한겨울에도 봄처럼 따뜻하여 손이 얼어서 트지 않으니까 얼마나 좋겠어요."
이 말에, 나는 화를 버럭 내며 이렇게 말했다.
"여름에 덥고 겨울에 추운 건 사계절의 정상적인 이치이다. 만약 이것이 뒤집어진다면 비정상적이고 이상한 일이다. 옛날 옛적에 성인(聖人)들께서 추우면 털옷을 입고 더우면 삼베옷을 입으라고 제도를 마련해 주셨으니 그 정도로 준비해 두면 충분하다. 그런데 또 흙으로 온실을 만들어서 추운 걸 따뜻하게 바꿔 놓는다면 이는 하늘의 법칙을 어기는 일인 게야.

사람이 뱀이나 두꺼비도 아니면서 겨울이라고 땅굴 속에 엎드려 있다니, 그보다 불길한 일은 없을 거다. 그리고 베를 짜는 일도 다 때가 있는데 하필이면 겨울에 한단 말이냐? 또 봄에 꽃이 피었다가 겨울이면 시드는 것은 풀과 나무의 정상적인 성질인데, 이걸 억지로 뒤집으면 비정상적인 것이 되어 버린다. 비정상적인 물건을 만들어서 시도 때도 없이 구경거리로 삼는다면 이는 하늘의 권한을 빼앗는 일이다. 이런 일들은 모두 내 뜻과 맞지 않다.

너희들, 얼른 이 온실을 허물지 않으면 내가 용서하지 않고 때려 줄 테다!"

아이들은 겁을 내며 재빨리 온실을 걷어치우고, 남은 목재는 땔나무로 쓰기 위해 갈무리해 두었다. 그러고 나니 내 마음이 비로소 편안해졌다.

아이들을 윽박질러 온실을 부수게 하는 이규보의 모습은 언뜻 보면 심술궂고 완고한 것 같다. 그렇지만 인간의 편리를 끝없이 추구하다 보면 자연의 질서는 결국 무너지게 된다. 그는 이 점을 경계한 것이다.

집을 수리하고 나서

우리 집에는 퇴락한 행랑채가 있다. 그런데 그 중 세 칸이 곧 쓰러질 것만 같아, 어쩔 수 없이 전부 수리를 하게 되었다.

이 일이 있기 전, 그 가운데 두 칸에는 오래전부터 비가 샜었는데, 나는 그걸 알고도 그냥 내버려 두다가 미처 수리를 하지 못하였고, 나머지 한 칸은 한 번밖에 비가 새지 않았을 때 급히 기와를 교체하게 한 적이 있다.

그런데 이번에 수리를 하고 보니 비가 오래 샌 곳은 서까래와 추녀며 기둥과 들보가 모두 썩어서 못 쓰게 되었으므로 경비가 많이 들었고, 한 번밖에 비가 새지 않은 곳은 재목들이 모두 온전하여 다시 쓸 수 있었기 때문에 비용을 줄일 수 있었다.

그래서 나는 이런 생각이 들었다.

이런 일은 사람의 경우에도 마찬가지가 아닐까. 잘못을 알고서도 즉시 고치지 않는다면, 오래 비를 맞은 목재가 썩어 못 쓰게 되듯이, 자기 몸을 망치게 될 것이다. 반면에 잘못한 일을 거리낌 없이 고친다면, 비 맞은 목재를 다시 쓸 수 있었던 것처럼, 그 잘못한 일은 다시 착한 사람이 되는 데 아무 방해도 되지 않을 것이다.

또한, 여기에만 그칠 일이 아니다. 나라의 정치도 역시 이와 같은 것이다. 모든 일에 있어서 백성에게 큰 피해가 되는 것들을 이리저리 둘러맞추기만 하고 개혁하지 않다가, 백성이 못살게 되고 나라가 위태해지고 나서야 갑자기 바꾸려 한다면, 나라를 부지하기 어려운 법이다. 그러니 신중하게 생각하지 않을 수 있겠는가.

집을 수리하는 사소한 일상사에도 자신의 인격을 가다듬고 더 나아가 올바른 정치를 행하는 데 도움이 되는 소중한 가르침이 숨어 있다.

조그만 정원을 손질하며

성(城) 동쪽의 내 집에는 윗뜰과 아랫뜰이 있다. 윗뜰은 가로 세로 모두 30보(步) 정도 되고, 아랫뜰은 가로 세로가 겨우 10보(步)밖에 되지 않는다. 보(步)는 옛날에 밭의 넓이를 헤아리는 방식에 따라 계산한 것이다.

해마다 오뉴월이 되면 뜰에는 풀들이 경쟁하듯 무성하게 자라나 사람의 허리까지 스칠 지경이었지만 베어 내지 못하고 있었다. 집에 있는 작달막한 머슴 셋과 비리비리한 아이종 다섯이 이런 걸 보고 부끄러운 마음이 들었는지 무딘 호미로 번갈아 가며 풀을 베는데, 겨우 서너 보(步) 해 보고는 그만두고 만다. 한 열흘 지나고 나서 또다른 곳의 풀을 베는데, 먼저 벤 곳에서는 풀이 다시 우부룩하게 자라 있다. 다시 열흘이 지나서 그 우부룩하게 자란 풀을 베어 내려 하면 나중에 베어 낸 곳에 또 풀이 우부룩하게 더욱 무성한 것이다. 이런 식으로 하니 결국에는 풀을 다 베어 낼 수 없게 되었다. 이는 내가 일을 시키는 것이 느슨한 데다 종들이 힘쓰기를 게을리 했던 탓이었다.

나는 종들이 하는 대로 내버려 두고 야단도 치지 않다가, 결국에는 내 손으로 조그만 아랫뜰을 손질하기로 했다. 조그만 뜰이라면 내 힘으로도 감당할 수 있을 것 같아 게으른 종들의 손을 빌리지 않고 스스로 정돈하기로 한 것이다.

우선 말라 죽은 나무를 베어 내고 더부룩한 잎들을 잘라 내었다. 그리고 낮은 땅은 북돋우고 높은 땅은 깎아서 바둑판처럼 평평하게 만들었다.

이러면 평상복인 베옷을 입었을 때나 벼슬아치의 관복(官服)을 입었을 때나 언제든지 거닐 수 있고, 대자리 깔고 돌베개 베고 누워 있기에도 좋다. 나무들의 그림자가 마당에 흩어지고 맑은 바람이 절로 불어오는 이곳에서, 내 옷자락을 잡고 따라다니는 아이의 머리를 쓰다듬어 주기도 하며 즐겁고 기분 좋은 나날을 보낼 수 있으리라. 그러니 이 또한 한가로이 지내는 사람에겐 낙원(樂園)인 것이다.

거참! 30보(步) 되는 뜰을 이루 다 정돈하지 못하여, 10보(步)밖에 안 되는 땅으로 옮겨 와서야 겨우 손질을 마쳤으니 일을 잘 못하는 사람으로서 퍽이나 애를 쓴 것이 아니겠는가.

뜰을 정돈하고 보니 나랏일을 어떻게 해야 하는지에 대해서도 생각이 옮아가게 된다. 맡은 일을 정돈하지 않고 황폐해지도록 버려두어서야 될 것인가. 그렇지만 옛날 진중거(陳仲擧)라는 사람은 "대장부가 마땅히 천하를 청소해야지, 어찌 방 한 칸을 청소하겠는가?"라며 방청소도 하지 않았다 하니, 그 뜻이 원대했다고 하겠다. 이렇게 본다면 대장부가 품은 뜻을 어찌 쉽게 말할 수 있겠는가.

이에 스스로 웃음이 나와 이 일을 적어 둔다. 적어 두고 보노라면 때로 크게 웃게 될 테고, 웃다가 다시 즐거워질 테지.

갑인년(1194) 5월 23일에 적다.

조그만 정원을 정성스레 손질하고 나서 흐뭇해 하면서도 스스로 그릇이 작다고 겸손해 하고 겸연쩍어 웃고 있다. 그의 정성은 폐쇄적인 자기만의 세계에 한정된 것이 아니라 그 바깥의 세계를 향해 열려 있다.

정직한 노극청

이 이야기는 내가 『명종실록』(明宗實錄)을 편찬하면서 쓴 것인데, 탐욕으로 경쟁하는 무리들에게 경종을 울릴 수 있기에 덧붙여 둔다.

노극청(盧克淸)이라는 사람이 누구인지는 자세히 알 수 없다. 관직도 직장(直長: 7품에서 9품까지의 하급 벼슬)이라는 낮은 벼슬자리에 그쳤을 뿐이다.

그는 집이 가난하여 집을 팔려다가 미처 팔지 못했는데, 마침 일이 생겨 지방에 내려가게 되었다. 그런데 그 사이에 그의 아내가 낭중(郎中: 상서성 및 6조의 정5품 벼슬)인 현덕수(玄德秀)라는 사람에게 은 열두 근을 받고 집을 팔았다. 노극청은 개경에 돌아와 집값을 너무 비싸게 받은 것을 알게 되자 은 세 근을 가지고 현덕수에게 가서 이렇게 말했다.

"내가 예전에 이 집을 살 때에 아홉 근밖에 주지 않은데다, 몇 년 동안 살면서 아무것도 수리한 것이 없습니다. 세 근을 더 받는 건 의리(義理)가 아니니 돌려드리려 합니다."

현덕수 또한 의리 있는 선비였기에 거절하고 받지 않았다.

"어떻게 당신 혼자만 의리를 지키고 나는 그러지 못하게 하시오?"

현덕수가 끝까지 받지 않으려 하자 노극청은 이렇게 말했다.

"저는 평생 의리에 어긋난 일을 하지 않았습니다. 어떻게 싸게 산 것을 비싸게 팔아 재물을 탐내겠습니까? 선생께서 제 말씀대로 하지 않으신다면 집값을 모두 돌려드릴 테니 제 집을 도로 주십시오."

현덕수는 하는 수 없이 은 세 근을 받았지만

"내 어찌 노극청만 못한 사람이 될 수 있겠는가?"

라며 결국에는 그 은을 절에다 시주하였다.

이 이야기를 들은 사람들은 모두 이렇게 탄식했다.

"세상이 타락하여 모두들 이익만 다투는 시대에도 이런 사람들이 있다니!"

나는 처음 이 사실을 기록한 사람이 노극청의 집안이나 그의 다른 행적에 대해 상세히 적어 두지 않은 것을 유감스럽게 생각한다.

"어떻게 싸게 산 것을 비싸게 팔아 재물을 탐내겠습니까?"라는 노극청의 말을 귀담아 들을 필요가 있다. 집을 가지고 돈을 버는 데 혈안이 된 요즘의 세태에 특히 경종을 울린다.

시루가 깨진다고 사람이 죽으랴

당나라 시인 두목(杜牧)의 일생을 기록한 역사서를 보면 다음과 같이 나와 있다.

"두목이 죽을 무렵 밥 짓던 시루가 쩍 갈라지니, 두목이 '불길한 일'이라고 했다."

나는 이 말을 다음과 같이 반박한다.

이런 말은 무당이나 판수의 거짓되고 변변치 못한 술수이다. '불길한 일'이라는 두목의 말은 순수하고 올바른 선비로서 마땅히 할 말이 아니다. 이 역사서를 편찬한 송기(宋祁) 역시 이런 일은 숨기는 것이 당연한데도 오히려 적어 넣었으니 잡스럽다고 하겠다.

한편, 고대 중국의 역사서인 『서경』(書經)에는 "암탉이 새벽에 울면 집안 운수가 다된 것이다"라는 구절이 있다. 원래 암탉에게는 새벽을 알리는 책임이 없다. 그러므로 암탉이 새벽에 울면 이보다 더 괴이한 일이 집안에 있겠는가? 이런 일은 옛날 은(殷)나라에서 제사를 지내는데 꿩이 솥귀에 올라가 울고, 한(漢)나라의 잔치에서 쥐가 대궐 정문에 올라가 춤을 췄다는 요상한 일보다도 더 심하다. 그러므로 성인(聖人)인 공자(孔子)도 『서경』을 편집하면서 이 구절을 삭제하지 않고 남겨 두었던 것이다. 그러나 시루가 갈라지는 일이라면, 불이 너무 뜨거워서 그럴 수도 있고 물이 다 증발해서 그럴 수도 있으니, 반드시 괴이한 일은 아니다. 마침 시루가 쩍 갈라질 무렵에 두목이 죽게 된 것일 뿐이니, 꼭 맞는 징조가 될 수는 없는 것이다.

내가 경험한 것을 놓고 말하자면, 작년 9월에 우리 집에서 밥을 짓던 시루가 쩍 하고 갈라졌으나 나는 괴이하게 여기지 않았다. 그리고 금년 이월에도 시루에서 소가 울부짖는 소리가 나더니 조금 후에 누가 일부러 깨뜨린 것처럼 퍽 깨어졌다. 부엌에서 일하던 아주머니가 아연실색해서 내게 달려와 말을 했지만 나는 아무렇지도 않게 웃고 있었다. 그때 마침 점쟁이가 와서 말했다.

"이 일은 주인어른께 이롭지 못하겠습니다. 기도하지 않으면 재앙을 모면하지 못할 것입니다."

아내는 급히 그 말대로 하려고 하였다. 그러나 나는 그런 짓을 못하게 말리면서 이렇게 말했다.

"죽고 사는 것은 다 운명이오. 정말 죽을 때가 되었다면 저 괴상한 일은 먼저 나타난 징조일 따름이니 기도한들 무슨 소용이 있겠으며, 그런 일이 아니라면 시루 깨진 일이 나하고 무슨 상관이겠소?"

그런데 나는 과연 죽지 않고 지금까지 살아 있다. 두목은 무엇이 못나서 시루가 깨지는 걸 한 번 보자마자 죽고, 나는 무슨 덕이 있어서 시루가 두 번이나 깨어져도 죽지 않았겠는가? 이것이 징조가 될 수 없음은 분명하다. 나는 나중 사람들이 그런 말에 빠질까 걱정되어 이것을 적어 밝혀 둔다.

불길한 징조에 마음이 흔들리는 것이 인지상정인데, 그런 것을 차분히 극복하려는 태도가 진중하다.

아버지를 그리며

옛날에 아버지가 남쪽에 살고 계시고 제가 개경(開京)에서 공부할 적엔, 삼백 리 길이 비록 힘들어도 가기만 하면 뵈올 수 있었습니다.

그런데 지금 아버지 계시는 북산(北山) 기슭은 개경의 성곽과 채 몇 걸음 떨어져 있지 않아 잠깐이면 갈 수 있는 곳이건만 간다고 한들 어떻게 뵈올 수 있겠습니까. 저의 일생이 끝나도록 다시는 뵈올 길이 없다니요.

드리고 싶은 말씀은 넘쳐나는데 목이 메어 아무 소리도 나오지 않습니다. 다만 이 술 한 잔을 올려 저의 속정을 보여 드리려 하오니, 서럽기만 합니다.

이 글은 남을 대신해 써 준 아버지의 제문(祭文: 제사 지낼 때 죽은 사람을 추모하여 읽는 글)이다. 그렇긴 해도 진정이 배어나 마음이 슬퍼진다.

아들의 관에 넣은 글

　사미승(沙彌僧)[1] 법원(法源)은 내 아들이다. 나의 성씨를 버리고 승려의 성인 석씨(釋氏)[2]를 따른 것이다.
　열한 살에 규공선사(規公禪師)를 찾아가 머리 깎고 스님이 되어 선사를 매우 조심스레 모셨다. 천성이 영민하여 심부름 시킬 때마다 마음을 잘 헤아려 뜻에 맞게 하므로 일일이 지시할 필요가 없었다. 그래서 선사가 가장 사랑하였다.
　그런데 절에서 갑자기 병이 나서 집으로 데리고 왔더니 하룻밤 누워 있다가 다음날 세상을 떠났고, 사흘 후에 산에 묻히게 되었다. 아아! 어쩌면 이리도 빨리 떠났단 말이냐.
　경진년(1220) 십일월에 머리 깎고 들어가 임오년(1222) 이월에 세상을 떠나 자연으로 돌아갔으니 스님으로 산 것은 모두 16개월이었다.
　내가 마침내 명문(銘文: 잊지 않기 위해 돌이나 금속 등에 새겨 넣는 글)을 짓고 석 자짜리 널빤지에 새겨 무덤 속에 넣었으니, 슬픈 뜻을 부쳤을 따름이다. 아이의 몸과 새겨 둔 글은 어서 썩어 버리는 것이 더 나을 터이니, 반드시 돌에다 새겨 오래 전하게 할 필요가 있겠는가.

---

[1]_ 사미승(沙彌僧): 출가한 지 얼마 되지 않은 어린 남자 스님을 가리키는 말.
[2]_ 석씨(釋氏): 석가모니(釋迦牟尼)에서 온 말로 부처님 혹은 불가(佛家)를 뜻한다. 스님들의 법명 앞에 '석'이 붙곤 하는데 틱낫한(한자 표기 '釋一行') 같은 경우가 그 예다.

새겨 둔 글은 다음과 같다.

승복(僧服)이란 하루만 입어도 족할진대
겨울 두 번과 여름 한 번이 지나도록 입었으니
너는 죽었어도 괜찮은 거란다.

이규보에게는 관(灌), 함(涵), 징(澄), 수(溆) 등 모두 네 아들이 있었는데, 이 가운데 장남인 관(삼백三百)은 요절하고 나머지 셋은 장성하여 벼슬을 했던 것으로 밝혀져 있다. 이 글에 나온 법원은 어려서 죽은 탓에 족보에 올려지지 않은 이규보의 또다른 아들로 추정된다. 어린 아들의 죽음 앞에, 초연한 척 '아이의 몸과 무덤 안에 넣은 글은 어서 썩어 버리는 게 좋다'고 했던 그의 마음은 어떠했을까?

바위와의 대화

두려움에 관하여

　독관(獨觀: 홀로 보다) 처사(處士)란 이는 평소 문을 닫아걸고 지내는 모양이 언제나 무언가 두려운 듯했다. 자기 몸을 돌아보고 두려워하고, 자기 그림자를 돌아보고 두려워하며 손발을 움직일 때도 겁을 내지 않는 적이 없었다. 충묵(沖默: 텅 빈 침묵) 선생이란 이가 그를 만나 그 까닭을 물었더니, 독관 처사는 이렇게 말했다.
　"천지간에 어느 동물이 두려움이 없겠습니까? 뿔이 난 짐승·어금니 삐죽한 짐승·날짐승·길짐승·꿈틀거리는 벌레 등 수많은 동물이 있어도, 모두 제 생명을 아껴 자기네 무리가 아닌 것을 보면 겁을 냅니다. 하늘의 새는 매를 두려워하고, 물의 물고기는 수달을 두려워하며, 토끼는 사냥개를 두려워하고, 이리는 외뿔소를 두려워하고, 사슴은 살쾡이를 겁내며, 뱀은 돼지를 무서워하고, 가장 사납다는 호랑이와 표범도 사자를 만나면 피해 달아납니다. 이런 부류란 어찌 그리도 많은지, 세세히 다 적을 수도 없지요.
　동물들은 본래 그렇다 치더라도 사람 또한 두려움이 있습니다. 임금은 가장 높은 사람이라지만 외려 하늘을 두려워하여 벌벌 떨며 제사를 올리고, 몸가짐을 정중히 하며 밤낮으로 경건히 지냅니다. 한편, 임금과 신하 사이라면 마루와 섬돌 정도의 차이가 있을 터인데, 섬돌을 지나 땅으로 내려가려면 낮은 땅과 높은 산 사이처럼 동떨어져 보입니다. 낮은 자는 높은 자를 두려워하고 뒤처진 이는 앞선 이를 두려워하매, 누가 얼마나 더 높고 더 앞섰는지 자로 재듯 헤아려 언제나 두려워하지 않는 때가 없습니다.

어째서 세상길은 이토록 험난한 것인지요? 모든 순서가 뒤집혀, 모자가 신발 밑창이 되어 깔려 있고, 깨진 항아리가 훌륭한 세발솥 앞에 턱 하니 놓이며, 절름발이 나귀가 천리마와 나란히 수레를 끌고, 추남인 주미(雔靡)가 꽃미남 자도(子都)와 같이 앉아 있는 형국이지요. 아랫사람은 거들먹거리며 윗사람을 업신여기고, 아첨하는 무리는 가까이 여기면서 어진 이는 멀리합니다. 맘에 드는 사람만 유별나게 편애하는 무리는 날마다 극성이고, 남몰래 뒤를 노리는 흉악한 놈들은 멀리까지 독한 냄새를 풍깁니다.

하물며 하잘것없는 자질을 갖고 여러 사람이 사는 세상에 태어난 나 같은 사람이야 어떻겠습니까? 저들은 교묘한데 나는 서툴러서 내가 겨우 한 가지를 해낼 때 저들은 천 가지를 해냅니다. 디디는 곳마다 가시나무가 돋아나는 것 같아 어디든 두려움의 길이 되어 버립니다. 마구 달리며 두려움을 떨치려 해도 열 걸음 걸을 동안 아홉 번 밀침을 당해 벌벌 떨리는데 두려움이 없을 수 있겠습니까? 그러니 나는 홀로 높은 곳에 서서 내가 속한 무리를 등지고 떠나 저 넓은 언덕에서 노닐 것입니다. 내 말이 어떻습니까?"

그러자 충묵 선생은 거만스레 안석(案席: 앉아서 몸을 기댈 때 쓰는 방석)에 기대어 웃으며 말했다.

"제 생각은 다릅니다. 하늘의 위엄도 나는 두렵지 않고 천자(天子)의 존귀함도 나는 두렵지 않으며, 포악한 자객이 팔뚝을 걷어붙이고 대들어도 나는 두렵지 않고 사나운 호랑이가 이를 뿌드득 갈아도 나는 두렵지 않습니다."

말이 채 끝나기도 전에 독관 처사는 깜짝 놀라 벌떡 일어나 이렇게 말했다.

"당신은 너무도 스스로를 헤아리지 못하는군요. 무슨 말을 그리도 쉽게 합니까? 저 하늘은 선악(善惡)을 굽어 살피시니 때로 진노하면 갑자기 천둥과 번개가 치고, 매서운 바람이 일어 모래가 씽씽 날리고 돌이 데굴데굴 굴러 바다를 눈멀게 하고 산을 귀먹게 할 것처럼 몰아쳐 옵니다. 칼날 같은 벼락이 꽂혀 검푸르게 빛나니 하늘을 찢을 듯 땅을 쪼갤 듯합니다. 무시무시한 여섯 신장(神將)[1]이 들이닥쳐 위엄을 더한다면 비록 주(周)나라 성왕

1_ 신장(神將): 술법을 부릴 때 부르곤 하는, 갑옷을 입고 투구를 쓴 귀신.

(成王)²이라도 넋이 달아날 것이며, 모두 놀라 숟가락을 떨어뜨리고 어쩔 줄 모를 텐데, 누가 태연자약하게 버티어 서 있을 수 있겠습니까? 이처럼 성대한 하늘의 위엄을 두고 두렵지 않다고 하는 건 어째서입니까?"

충묵 선생은 이렇게 응수했다.

"바른길을 지키고 남을 속이지 않으면 하늘도 나에게 위세를 부리지 않을 텐데 무엇이 두렵겠습니까?"

독관 처사는 다음과 같이 말했다.

"금빛 용상(龍床)은 휘황하고 장막 친 옥좌(玉座)는 비밀스러운데, 야간 경호 부대는 샛길을 순찰하고 호위 무사들은 봉황이 새겨진 궁궐에 정렬하여 별자리 그려진 깃발과 도끼를 들고 천자(天子)가 오갈 때마다 큰소리로 외치며 다른 사람들이 지나가지 못하도록 삼엄히 지킵니다. 왼쪽에는 철관(鐵冠)을 쓴 사헌부(司憲府) 판사(判事)가 늠름히 앉아 있고, 오른쪽에는 집법관(執法官)이 붓에다 붉은 물감을 찍어 들고 죄를 기록하지요. 그리고 모든 공경(公卿) 대신(大臣)은 엄숙하고 장엄하게 늘어서 있습니다. 이러한 때에 천자의 추상같은 호령이 떨어지고 천둥같은 꾸지람이 몰아쳐 오는데, 하나라도 조심하지 않으면 온 집안이 몽땅 죽음을 당하게 되는 것입니다. 이런 게 천자의 무서운 위엄인데 그대는 이것도 두렵지 않단 말이오?"

2_ 성왕(成王): 주나라 성왕이 훌륭한 신하인 주공(周公)을 내쫓았더니 하늘이 노하여 천둥번개가 치고 폭풍과 폭우가 몰아쳤다는 말이 있다.

충묵 선생은 또 이렇게 응수했다.

"무릇 임금은 높고 신하는 낮으니 그 형세는 마치 갓과 신발처럼 떨어져 있지요. 아래에 있으며 윗사람을 섬길 때는 공손히 허리를 굽혀 종종걸음 치며 법도에 맞도록 해야 합니다. 우러러 볼 때는 꿇어앉고 절할 때는 머리가 땅에 닿도록 하며, 명령을 들을 때는 몸을 더욱 굽히고 맡은 일은 잘 지킵니다. 이렇게 하는데 임금이 왜 위세를 부리겠으며 신하는 무어 두려울 게 있겠습니까?"

독관 처사는 또 말했다.

"만약 맹분(孟賁)과 하육(夏育) 같은 천하장사들이 성이 나 이리처럼 두리번거리며 입에 피칠을 하고 고함을 버럭 지를 것 같으면, 세찬 바람에 구름이 휘날리는 것 같습니다. 대낮에 사람을 찔러 죽여 길거리에 피가 철철 흐르게 하고도 남은 위력(威力)을 진정시키지 못해 제멋대로 날뛰는데, 찢어질 듯 부릅뜬 눈에선 퍼런 빛이 솟고 머리칼은 바짝 솟구쳐 가시처럼 뻣뻣합니다. 호랑이를 짓밟아 가죽을 벗기고 맨손으로 곰을 잡아 다리를 찢는 자들이니, 항장(項莊, 항우의 사촌 동생)의 살벌한 칼춤도 하찮게 여기고 왕을 협박하며 기둥을 노려보던 인상여(藺相如)[3]도 가소롭게 여길 테지요. 이렇게 사나운 자객(刺客)도 두렵지 않단 말이오?"

---

[3] 인상여(藺相如): 중국 전국시대(戰國時代) 조(趙)나라 사람이다. 왕의 명으로 화씨벽(和氏璧)이라는 크고 귀한 보물 구슬을 갖고 진(秦)나라로 가 영토협상을 했는데, 진나라 왕이 약속을 지키려 하지 않자 인상여는 구슬을 기둥에 던져 깨뜨리겠다며 왕을 협박했다.

이에 충묵 선생은 대답했다.

"어떤 사람은 누가 자기 얼굴에 침을 뱉으면 그 사람이 화낼까 봐 닦지도 않고 마를 때까지 기다렸고, 또 누군가는 자신을 위협하는 불량배의 가랑이 밑으로 엉금엉금 기어갔다지요. 마음을 텅 비우고 세상을 살아가노라면 내가 남의 마음을 거스르지 않을 텐데 남이 어찌 저 혼자 성을 내겠습니까? 이러니 역시 두려울 게 없지요."

독관 처사는 말했다.

"새끼를 돌보느라 잔뜩 날카로워진 암범이 굴 밖에 나와 사냥한 고깃덩이의 피를 핥으면서 어금니와 발톱을 날카롭게 가는데 그 소리가 쇠붙이를 연마하는 것 같습니다. '어흥' 한 번에 바람이 일어나고, 눈을 한 번 크게 뜨면 번개가 번뜩입니다. 날개가 없어도 나는 듯한 달음에 만 리를 가니, 맨손으로 범을 잡는 사나이라도 정신을 잃고 기가 꺾일 것입니다. 이렇게 사납게 으르렁거리는 호랑이라면 어떻습니까?"

충묵 선생은 말했다.

"마음을 단단히 먹고 준비하면 놀랄 게 없지요."

그러자 독관 처사는 물었다.

"그러면 당신이 두려워하는 것은 도대체 무엇입니까? 두려운 게 있기나 한 겁니까?"

충묵 선생은 대답했다.

"저인들 어찌 두려운 게 없겠습니까? 내가 두려워하는 건 다른 사람이나 동물이 아니라 바로 나한테 있는 것이랍니다. 턱과 코 사이에, 속을 보면 이가 있고 겉에는 큰 구멍이 있는데 열렸다 닫혔다 하는 양이 대문과 비슷한 게 있습니다. 먹을 것이 여기로 들어가고 소리가 여기서 나오니 정말 없어서는 안 될 것이지요. 그런데 여기가 두려워하지 않을 수 없는 곳입니다.

옛날에 금 인형을 만들어 입을 꿰매 두고는 그 등에 말조심하라는 교훈을 새겨 두었고, 『시경』(詩經)에는 '담장에도 귀가 있다'라는 노래가 실려 있지요. 한마디 말과 한순간의 침묵이 영예와 치욕의 원인이 됩니다. 역이기(酈食其)4_는 말을 잘못했다가 삶겨 죽었고, 오피(伍被)5_도 입 때문에 사형을 당했으며, 예형(禰衡)6_은 말을 건방지게 하다가 몸을 망쳤고, 관부(灌夫)7_도 술을 먹고 말을 함부로 하다가 처형당해 시신이 장터에 버려졌지요. 그러므로 성인(聖人)은 남을 두려워하지 않고 오직 자기의 입을 두렵게 여겼습니다. 진실로 입만 조심하면 세상을 살아가는 데 무슨 어려움이 있겠습니까.

지금 처사께서 마음껏 혀를 놀려 하시는 말씀은 칼끝처럼 날카롭고 가루처럼 펄펄 날립니다그려. 세상길이 험난하다느니 평탄하다느니, 남의 말이 옳으니 그르니 잘도 비평하니 참으로 말

4_ 역이기(酈食其): 중국 한나라 때 말 잘하던 사람.
5_ 오피(伍被): 한나라 때의 말 잘하던 사람.
6_ 예형(禰衡): 한나라 때의 문인.
7_ 관부(灌夫): 한나라 때의 무인.

을 잘한다면 잘하는 것이고, 재주도 남다르다면 남다르다 할 수 있습니다.

그러나 입이란 것은 몸을 망칠 수 있어 말을 잘못하면 화가 따라옵니다. 당신이 이러면서도 한때를 벗어나 그럭저럭 살아 보려 한다면, 그것은 마치 북을 치면서 달아나는 것과 같습니다. 아무리 재빨리 달아난들 무슨 소용이 있겠습니까?

제가 보기에 처사께서는 두렵다는 소리는 하지만 실은 두려운 게 없는 것이니 속으로 웃음이 나는군요. 재앙을 미워하면서도 자기에게 찾아오라고 제사를 지내는 게 아니겠습니까."

독관 처사는 이 말을 듣고 일어나 자리에서 물러서서 공손한 낯빛으로 말했다.

"제가 불초하지만 지금 선생의 가르침을 듣고 마음속이 환해지는 것이 마치 장님이 눈을 뜨고 밝은 빛을 보게 된 것 같습니다."

타고나길 하찮고 서툴게 태어난 독관 처사는, 이리저리 상처입고 밀침을 당해 쓰러지느라 세상살이가 두렵다. 여러 사람들 틈에서 살아가는 것 자체가 공포이다. 자신이 속한 무리를 등지고 떠나고만 싶어 하는 독관 처사에게 충묵 선생은 두려움이란 결국 나로부터 말미암는다는 가르침을 준다.

꿈에서 본 슬픔

어떤 아름다운 귀공자가 대대로 풍족한 집안에 태어나 자라났다. 사람됨이 퍽 사랑스러웠고, 윤기 도는 그 얼굴은 관옥 같았다. 나갈 때는 일산(日傘)을 높이 든 종이 따라 나왔고, 들어가는 곳은 화려한 집이었다. 가지고 놀던 여의주로 커다란 산호 구슬을 때려 부수고도 아무렇지 않게 여겼다. 뒷방에는 비취 비녀를 꽂고 비단신을 신은 어여쁜 여인들이 수두룩하여, 쟁그랑쟁그랑 구슬 노리개 부딪는 소리를 내며 번갈아 나와 그를 모셨다. 눈은 화려한 것들만 보느라 지칠 정도였고, 귀는 늘상 거문고와 피리 소리를 듣느라 지겨워질 참이었다. 겨울이 되어도 그저 '서늘한가 보다' 하며 엄혹한 추위를 알지 못했고, 여름이 와도 그저 '따뜻한가 보다' 하며 찌는 무더위 같은 건 몰랐다. 그러니 인생에 굴레와 곤궁과 실패, 걱정과 근심, 슬픔과 원망 같은 것이 있다는 것을 어떻게 알겠는가?

따뜻한 봄날을 맞아 향기로운 꽃들에 마음이 움직여지니 손님과 친구들을 화려한 집에 불러들였다. 옥비녀를 꽂고 구슬 신발을 신은 손님들이 모여들어, 향기로운 술을 금 술잔에 따라 돌리니 모두 정신없이 흠뻑 취하였다. 해가 저물어 푸른 계수나무

향(香)에 불을 밝히니 즐거움은 끝이 없었다.

어느덧 봄밤이 끝나려 하니 지는 달은 아리땁게 창문을 엿보고 있었다. 갑자기 몸이 피곤하고 정신이 나른하여 마침내 털썩 쓰러져 잠이 들었다. 박산향로(博山香爐)1_에서는 향기로운 연기가 피어오르는데 북두칠성 수놓은 휘장을 치고 비단 이불을 덮고 잠이 들었다. 그리고 붉은 해가 동쪽에 날쌔게 떠올랐는데도 아직도 우레처럼 코를 골며 한창 자고 있었다.

그런데 이때 갑자기 정신이 어릿어릿해지더니 어느새 아무도 없는 허허벌판에 와 있는 것이었다. 사방을 돌아보니 아득하여 길도 마을도 보이지 않고 깊은 강물만 저 혼자 철썩이고 있었다. 떨기나무는 빽빽한데 풀빛은 흐릿하게 메말라 있고, 높은 바위는 금방이라도 쓰러질 것 같았다. 해는 붉게 물들어 뉘엿뉘엿 지고, 푸르스레한 연기는 겹겹이 일어나 아물아물 앞을 가렸다. 원숭이들은 슬피 울며 서로 위로하고, 뭇 새들의 지저귐은 끝이 없었다.

서글픈 마음에 집 생각이 나서 얼른 돌아가려 했지만 길을 잃어 어디로 가야 할지 몰랐다.

'내 첩들은 어디에 있을까?' 생각하며 푸른 비단 소매로 눈물을 훔치면서 높은 언덕에 올라 우두커니 서 있었다. 첩첩한 천 개의 봉우리가 구불구불 뻗어 있는 것이 보였다. 더부룩한 덤불

1_ 박산향로(博山香爐): 전설 속의 산인 박산의 모양을 본떠 만든 대단히 화려하고 아름다운 향로.

숲을 헤치며 험한 산길을 찾아가노라니 사나운 짐승이 숨어 있는 것은 아닌지 걱정이 되었다.

그만 더럭 겁이 나 되돌아서서 언덕으로 달려가니 무덤들만 이리저리 줄멍줄멍 솟아 있는데, 그 위에 웅크리고 있던 여우와 토끼들이 끼리끼리 모여 어지럽게 농탕을 친다. 쓰러진 비석의 먼지를 쓸고 자세히 보니 그 옛날 화려하게 살았던 귀공자의 이름이 적혀 있다. 그가 노래하고 춤추던 집은 이제 누구 것이 되었을까? 이제 이 산발치에 무덤 하나로 남았구나. 부귀(富貴)는 뜬구름 같고, 아름다운 얼굴은 금세 시들어 버리는 것이다. 그 옛날의 귀공자들을 슬퍼하며 방황하노라니 더욱 처량해 코가 시큰해졌다. 발이 부르트도록 걸어도 돌아갈 곳이 없는데 배고픔과 목마름은 번갈아 찾아왔다.

그런데 갑자기 기지개를 켜다가 잠에서 깨어나니 기쁘게도 낯익은 문살과 창문이 보인다. 돌아보니 아직도 침상에 누워 있는데, 대관절 어떻게 그런 먼 여행을 한 것일까? 이 짧은 꿈속에서 영화(榮華)와 치욕이 서로 맞물리는 것임을 깨달았다.

귀공자여! 그 깨달음을 살갗에 새기어 가난하고 비천한 떠돌이의 시름을 길이길이 잊지 마시오.

오스카 와일드의 동화「행복한 왕자」를 떠올리게 하는 작품이다. 삶의 고통을 모르던 행복한 왕자가 죽고 나서 높은 곳에 동상으로 세워져 세상 구석구석에 있는 가난하고 비천한 이들의 슬픔을 속속들이 깨닫게 된 것처럼, 이 이야기에 나오는 귀공자는 꿈속에서 쓸쓸한 죽음의 세계를 경험하고 슬픔을 배우게 된다.

시(詩)의 귀신아, 떠나 다오

저 흙이 쌓여 이루어진 높은 언덕과 물이 괴어 이루어진 깊은 우물, 그리고 나무와 바위, 집과 담장은 모두 아무런 감정(感情)이 없는 존재이다. 그런데 때로 여기에 귀신이 붙으면 괴이하고 요망한 일이 일어난다. 사람들은 그걸 싫어하고 미워하여, 주문을 외어 귀신을 몰아내고, 심지어는 언덕을 깎아 평평하게 하고, 우물을 메우며, 나무를 베고, 바위를 때려 부수고, 집을 허물고 담장을 무너뜨리고 나서야 그만둔다.

사람도 이와 마찬가지이다. 처음에는 수수하고 꾸밈없고 인정 많고 정직하던 사람이 시(詩)라는 것에 빠져 들면, 요망하고 괴이한 말을 하여 남을 농락하고 현혹하기에 이르니 해괴한 일이라 하겠다. 이는 다름이 아니라 오로지 시(詩)라는 귀신이 붙었기 때문이다. 나는 이런 까닭에 그 죄를 하나하나 지목하여 이 귀신을 몰아내려 한다.

"사람이 처음 태어났을 때에는 천지가 처음 열렸을 때처럼 질박하고 허술하다. 그러니 꾸미거나 겉치레를 하는 일이 없어 마치 꽃봉오리가 아직 맺히지 않은 것 같고, 총명함이 가려 있어 마치 눈과 귀 같은 구멍이 아직 나지 않은 것 같다.

그런데 누가 그 문을 지켰기에 자물쇠를 풀고 네 머리를 들이밀게 한 거냐? 너는 오히려 순진한 사람의 마음에 붙어 세상 사람을 현혹시킨다. 때로는 산발에 수척한 낯으로 환상과 기괴한 일들을 만들어 내어 설설 기어가고 휙 지나가는 것처럼 하다가, 때로는 뼈와 근육이 노글노글해지도록 아양을 떨었다가, 때로는 성을 내고 소리를 높여 우당탕탕 풍랑이 치듯 한다. 세상에서는 너더러 대단하다 하지 않는데 어찌 그리도 날뛰는 것이며, 사람들은 너더러 공(功)이 있다 하지 않는데 어찌 그리도 끼어드는 것이냐? 이것이 너의 첫째 죄다.

땅은 항상 고요하고, 하늘은 무어라 이름 붙이기 어려운 것이다. 아무것도 모르는 듯 조화를 부리고 애꾸눈인 것 같지만 신령스럽게 잘 본다. 어둑어둑해 깊이를 알 수 없고 흐리멍덩해 캄캄하기만 한 이 천지(天地)의 비밀의 문은, 깊이 감추어진데다 굳게 자물쇠가 채워졌다. 그런데 너는 이런 걸 생각하지 않고 그 깊고 신령스러운 곳을 염탐하여 비밀을 누설해 버리니 당돌하기 그지없다. 값진 비밀을 캐내니 달이 근심하고, 마음을 꿰뚫으니 하늘도 깜짝 놀란다. 이 때문에 신령은 즐거워하지 않고 하늘도 마음이 편치 않게 되어, 너로 인해 사람의 삶이 각박해지는 것이다. 이것이 너의 둘째 죄다.

구름과 노을이 피어나는 모습과 달빛과 이슬의 순수한 아름다움, 기묘한 벌레와 물고기, 이상한 날짐승과 길짐승, 뾰족 돋는 새싹과 막 벙그는 꽃송이며 풀과 나무와 화초 등 천지간의 수많은 것들을 너는 아무 거리낌 없이 가져와 열이면 열 모두 샅샅이 보고 읊조린다. 잡다한 티끌 같은 것들까지 끝도 없이 죄다 모아들인다. 그러니 너의 탐욕을 하늘과 땅이 미워한다. 이것이 너의 셋째 죄다.

적을 만나면 즉시 공격하지 않고 어째서 돌대포며 요새를 갖춰 벼르는 거냐? 누군가 좋으면 곤룡포 없이도 화려하게 장식해 주고, 누군가에게 성이 나면 칼날 없이도 찔러 대는구나. 네가 무슨 장군이라고 이리도 멋대로 정벌(征伐)을 일삼는 것이며, 너는 무슨 권세를 쥐고 있기에 상과 벌을 마음대로 주는 것이냐. 너는 고기 먹는 고관대작도 아니면서 나랏일에 관여하고, 광대도 아니면서 온갖 무리들을 조롱한다. 흡족한 듯 자랑을 늘어놓고 남달리 입바른 소리를 하니 누가 너를 싫어하고 증오하지 않겠느냐. 이것이 너의 넷째 죄다.

네가 사람에게 들러붙으면 역병에 걸린 것처럼 몸에는 때가 끼고, 머리는 헝클어지며, 수염은 민둥해지고, 형상은 북어처럼 비쩍 마르게 된다. 너로 인해 사람들은 괴로운 소리를 지르고 이마를 찡그리며 정신을 소모하고 가슴속에 상처를 입게 되니, 너는 걱정의 씨앗이고 평화의 적이다. 이것이 너의 다섯째 죄다.

이 다섯 가지 죄를 짊어지고 어찌 사람에게 들러붙는 것이냐? 네가 조식(曹植)[1]에게 붙자 그는 형을 능가하는 재주를 보이다 솥에서 삶기는 콩의 처지가 되어 하마터면 죽을 뻔했으며, 네가 이백(李白)에게 붙자 그는 뱃전에 앉았다가 미친 흥이 솟구쳐 달을 잡는다고 갔다만 강물은 망망하기만 하다. 네가 두보(杜甫)에게 붙자 그는 모든 일에 낭패하여 쓸쓸히 타향살이를 하다 객사했으며, 네가 이하(李賀)[2]에게 붙자 그는 세상에서 알아주지 않는 기괴한 재주를 가지게 되어 요절(夭折)하기에 이르렀다. 네가 유우석(劉禹錫)[3]에게 붙자 그는 권세 있는 사람을 비판하고 비웃다가 끝내는 쓰러져 재기하지 못하게 되었고, 네가 유종원(柳宗元)[4]에게 붙자 그는 재앙에 말려들어 귀양을 떠나 결국 돌아오지 못했다. 누가 이런 슬픈 일을 만들었던가? 아! 너, 시(詩) 귀신아! 너는 어떻게 생겼기에 이렇게 많은 사람의 신세를 차례로 그르쳤느냐?

그런데 또 나에게 들러붙다니. 네가 온 뒤로 모든 일이 기구하기만 하다. 흐리멍덩한 바보가 되어, 배고픈 줄도 목마른 줄도 모르고, 추위와 더위가 사무치는 줄도 깨닫지 못하며, 여종이 게으름을 피워도 꾸중할 줄 모르고 사내종이 미련스럽게 굴어도 타이를 줄 모르며, 뜰에 잡초가 무성해도 베어 낼 줄 모르고 집이 쓰러져 가도 수리할 줄 모른다. 가난 귀신이 온 것 역시 네가

---

[1] 조식(曹植): 조조(曹操: 위무제魏武帝)의 아들로 글재주가 뛰어나 아버지의 총애를 받았다. 형인 문제(文帝)는 이것을 시기하여 조식에게 일곱 걸음을 걸을 동안 시를 짓지 못하면 죽이겠다고 했는데, 조식은 "콩대는 솥 아래서 타고 / 콩은 솥 속에서 운다"고 하는 시를 지어 같은 뿌리에서 난 형제로서 핍박하는 것이 부당함을 호소했다.
[2] 이하(李賀): 당나라 때의 천재 시인으로 27세에 요절했다.
[3] 유우석(劉禹錫): 당나라 때의 시인.
[4] 유종원(柳宗元): 당나라 때의 문장가.

불러서이다. 그리고 내가 높은 사람에게 거만하게 굴고 부자를 깔보는 것, 방만하게 구는 것, 뽐내며 불손하게 말하는 것, 성미가 뻣뻣하여 구차하게 좋은 표정을 짓지 못하는 것, 아름다운 여인을 보면 쉽게 혹하는 것, 술을 마시면 더욱 거칠어지는 것은 실로 네가 그렇게 만든 것이지 어찌 내 마음이 그런 것이겠느냐? 개들도 네가 괴상하다고 무리 지어 짖어 댄다. 이런 까닭에 나는 네가 싫어 저주하고 몰아내려는 것이다. 네가 빨리 도망가지 않으면 너를 찾아내어 베어 버리겠다."

이날 밤, 피곤해서 누웠는데 머리맡이 어수선하고 버스럭버스럭하는 소리가 나더니 빛깔과 무늬가 찬란한 옷을 입은 어떤 사람이 다가와 이렇게 말하는 것이었다.

"자네, 나를 너무 심하게 탓하고 배척하는 것 아닌가. 왜 나를 이렇게 미워하는 것인가? 내 아무리 별 볼일 없는 귀신이지만 옥황상제도 나를 알아주신단 말일세. 자네가 세상에 태어날 때 옥황상제께서는 나를 보내어 자네를 따라다니게 하셨네. 자네가 갓난아기일 때에는 집에 숨어 떠나지 않았고, 자네가 총각 아이일 때에는 슬며시 엿보며 지냈고, 자네가 장성하자 이리저리 따라다니게 된 것이라네. 자네에게 큰 뜻을 품게 하고 글을 아름답게 쓰도록 하며, 과거(科擧) 시험장에서 재주를 겨룰 때에는 해마다 합격하게 하여, 하늘과 땅이 놀라게 하고 사방에 이름이 나도록 했고, 고귀한 사람들도 모두 자네를 높이 우러러보게 했네. 이렇게 나는 자네를 섭섭잖게 도와주었고, 하늘도 자네에게 조건 없이 풍성하게 대해 주었네.

　자네의 말이나 몸가짐, 예쁜 여자에게 끌리는 것, 술을 즐기는 것은 각각 그렇게 되게끔 하는 이가 있고 내가 주관하는 일은 아니라네. 그런데 자네는 어찌 그리도 조심하지 않고 바보처럼 함부로 구는 것인가? 이것은 정말 자네 잘못이지 내 잘못이 아니네."

　나는 그제야 어제의 잘못을 깨닫고 겸연쩍은 표정으로 허리를 굽혀 절하고 그분을 스승으로 모시기로 하였다.

시란 사람의 마음을 휘어잡고, 천지의 비밀을 파헤치며, 세상의 아름다운 것들을 그려내고, 착한 이를 칭찬하고 악한 이를 비판하며, 시인에게 감당하기 힘든 고뇌를 주는 것이다. 이 글은 결국 자신이 왜 시를 사랑하는가를 말하고 있다.

귀찮음 병

백운거사(白雲居士)에게는 귀찮음 병이 있었다. 그래서 어느 손님에게 이렇게 물었다.
"세상은 빨리 변해 가는데 귀찮음 병은 꼼짝 않고 머물러 있고, 이리 보잘것없는 몸인데도 귀찮음 병은 나를 붙들고 놓아주지 않는다네. 집 하나 있는데 풀이 우거져도 베기 귀찮고, 책 일천 권이 있는데 좀이 슬도록 펴 보기도 귀찮고, 머리가 헝클어져도 빗기 귀찮고, 몸에 옴이 올라도 치료하기 귀찮고, 남들과 웃고 노는 일도 귀찮고, 남들을 따라다니기도 귀찮고, 말하기도 귀찮고, 걷기도 귀찮고, 보기도 귀찮단 말이지. 세상에 무슨 일이든 귀찮지 않은 게 없는데 이런 병을 무슨 수로 고칠꼬?"
손님은 아무 대답도 없이 물러가더니 이 귀찮음 병을 고칠 방법을 찾아 열흘 뒤에 다시 찾아왔다. 그러고는 이렇게 말했다.
"요즘 오래 못 보았더니 퍽 그립더구먼. 한번 보고 싶어 왔네."
그러나 거사(居士)는 귀찮음 병이 도져 만나기를 꺼렸다. 그러자 손님은 굳이 나오라 하여 이렇게 말하였다.
"내 자네의 상냥한 웃음소리와 뜻이 깊은 이야기를 들은 지 오랠세. 이제 늦봄이라 동산에는 새 울고, 날씨도 화창하고, 온갖 꽃도 만발했네. 내가 좋은 술을 빚었는데 바야흐로 잘 익어 집에 향기가 그득하다네. 이걸 혼자 마시기는 미안한 일 아니겠나. 자네 아니면 누구랑 마시겠어? 게다가 우리 집에 시중드는 계집아이가 있는데, 노래도 잘하고 생황(笙簧)도 잘 불고 아쟁(牙箏)도 잘 탄다네. 혼자 듣긴 아까울 정도야. 그래서 자네를 대접하고 싶은데 같이 가기 싫어할까 봐 걱정일세. 잠깐 갈 생각 없나?"

거사는 좋아라 옷을 떨치며 일어나 말했다.

"자네가 나를 늙은이라 괄시하지 않고 맛좋은 약주(藥酒)와 예쁜 여인으로 내 울적한 마음을 위로하려 하는데, 내 어찌 굳이 사양하리?"

그러고는 늦을세라 허리띠를 서둘러 매고 더딜세라 신을 급히 꿰어 신고는 바삐 나섰다. 그러자 손님은 갑자기 귀찮은 모양을 하며 귀찮아 대답도 못할 것처럼 하더니, 조금 있다가 태도를 싹 바꾸어 이렇게 말했다.

"자네가 이미 가기로 했으니 나도 말을 바꾸지는 못하겠지. 그런데 자네, 먼저는 말하기도 귀찮아하더니 이제는 서둘러 말하고, 전에는 귀찮아 돌아보지도 않더니 지금은 진지하게 돌아보며, 전에는 걷기도 귀찮아하더니 지금은 걸음이 빠르구먼. 자네의 귀찮음 병이 다 나은 것 아니겠나.

그러나 사람의 품성을 도끼처럼 찍어 망가뜨리기로는 예쁜 여인을 따라갈 것이 없고, 창자를 썩게 하는 약이 바로 술이지. 그런데 자네는 유독 이 두 가지를 보고 자기도 모르게 귀찮음 병이 절로 사라져 마치 장에 가는 사람처럼 서두르고 있네그려. 이대로 가다가는 성격도 버리고 몸도 망치고야 말걸세. 그래서 나는 자네의 이런 꼴을 보기도 귀찮아졌네. 걱정이 되어 자네랑 얘기하기도 귀찮고 자네랑 앉아 있기도 귀찮네. 생각해 보니 자네의 귀찮음 병이 나한테 옮아온 것 같네그려."

그러자 거사는 부끄러워 얼굴이 벌개져서 이마에 땀을 흘리며 이렇게 사과하였다.

"자네, 내 귀찮음 병을 잘 꼬집어 주었구먼. 전에 내가 귀찮음 병이 있다고 얘기했었는데, 지금 자네 말을 듣고는 나도 모르는 사이에 그 병이 종적을 감춰 버렸네. 하고 싶은 대로 즐기려는 마음이 이렇게 빨리 마음을 움직이고 이렇게 쉽게 귀에 들어오는 줄 이제야 알았네. 이런 식으로 간다면 금세 무서운 재앙이 몸에 닥쳐올 테니 조심하지 않으면 안 되겠네. 내가 이제 마음을 바꿔 어질고 의로운 일에 힘써서, 귀찮다는 생각은 버리고 부지런히 살아 보려는데 자네는 어떤가? 나를 비웃지 말고 조금 기다려 보게나."

자신의 귀찮음 병에 대해 말하는 태도가 능청스럽다.

땅의 정령에게 묻다

당나라의 시인 유우석(劉禹錫)은 말했다.
"하늘은 양(陽)의 기운을 가진 존재 가운데 홀로 높으신지라 함부로 물어볼 수 없기에 조물주에게 물어본다."
그렇다면 나는 땅에게 물어보고 싶은 게 있는데, 음(陰)의 기운을 가진 존재 가운데 독보적이라 하늘의 짝이 되는 땅에게도 곧장 물어볼 수 없을 터이니, 땅이 거느리고 있는 땅의 정령에게 이렇게 물어본다.
"너는 이 세상에서 흙이 높고 넓게 쌓여 이루어진 존재다. 너는 금과 옥·돌과 쇠·기와 조각과 쓰레기 따위의 아무 마음이 없는 물건만을 묻을 뿐 아니라, 사람도 묻어 버린다. 공자(孔子) 같은 성인(聖人)과 안회(顏回) 같은 현인(賢人), 백이(伯夷)처럼 청렴한 사람, 증자(曾子) 같은 효자, 곽자의(郭子儀)와 이소(李愬)같이 씩씩한 장수, 한유(韓愈)와 유종원(柳宗元) 같은 문장가, 이백(李白)과 두보(杜甫) 같은 위대한 시인(詩人)들도 땅에 묻혔다. 그들처럼 식견이 높고 도량이 넓으며 아름다운 정신을 가진 사람들이라면 하늘과도 그 위대함을 겨룰 수 있을 텐데, 너는 어떻게 차마 이런 사람들을 묻어 버릴 수 있었느냐?

한편, 강충(江充) 같은 아첨꾼, 양기(梁冀)처럼 사악한 사람, 이사(李斯)와 조고(趙高)처럼 임금을 속인 사람이며, 안녹산(安祿山)과 사사명(史思明)처럼 남의 나라를 도둑질한 자 등 간사하고 악독한 놈들에게서는 고약한 비린내가 풍겨 참을 수 없을 텐데, 너는 또한 어떻게 그런 자들을 참고 묻어 주었느냐?"

땅의 정령은 이렇게 대답한다.

"너는 뭔가 크게 잘못 알고 있구나. 만물이 흙으로 돌아가는 것은 자연의 운수이니라. 어떻게 무엇은 묻어 주고 무엇은 골라내어 묻어 주지 않을 수 있겠느냐? 나는 본디 하늘의 명으로 땅의 일을 맡고 있는지라, 크건 작건, 선하건 악하건 간에 상관없이 모두 묻어 준다.

그렇지만 사람에게는 뼈와 정신과 영혼을 모두 묻는 경우가 있고, 뼈는 묻어도 정신과 영혼은 묻을 수 없는 경우가 있다. 너는 들어 보려느냐?

성인과 현인, 청렴한 사람과 효자, 충신(忠臣)과 열사(烈士), 위대하고 빼어난 재능을 가진 사람들은 그 정신이 하늘로 돌아가거나 아니면 인간 세상에 다시 태어나 공손한 자식도 되고, 더러움 없는 신하도 되며, 열사와 영웅도 된다. 그러니 그 뼈는 묻어도 정신과 영혼은 묻을 수 없는 것이다.

반면에, 아첨하는 자·남을 해치거나 속이는 자·간특한 자라면 내가 그들의 정신과 영혼을 단단히 가두고, 내 깊은 구덩이 속에 빠뜨리고, 내 두꺼운 흙으로 덮어 버릴 수 있다. 그러고도 성에 차지 않으면 내가 가진 커다란 바위로 짓누르고, 내게서 콸콸 솟는 물에 빠뜨려 버린다. 그러니 단지 그 뼈만 묻을 뿐 아니라 정신과 영혼까지도 묻어 버릴 수 있느니라."

"훌륭한 말이로군."

나는 이렇게 말하고 땅의 정령이 말해 준 것을 기록하는 바이다.

만물은 모두 흙으로 돌아간다. 그러나 훌륭한 인간의 높고 아름다운 정신은 언제까지나 훼손되지 않고 남아 있다.

조물주에게 묻다

나는 조물주에게 이렇게 물었다.

"하늘이 이 세상에 사람을 생겨나게 한 것을 보면, 사람을 먼저 나게 하고 나서 뒤따라 오곡(五穀)을 나게 하여 사람이 먹을 수 있게 하였고, 그러고 나서 뽕나무와 삼을 생겨나게 하여 사람이 옷을 입을 수 있게 했소. 이렇게 보면 하늘은 사람을 사랑하여 살리고 싶어 하는 것 같소.

그런데 또 어째서 사람에게 해가 되는 것들까지 뒤따라 생겨나게 한 거요? 곰이며 범·늑대와 승냥이 같은 큰 동물에서부터 모기와 등에·벼룩과 이 같은 조그만 곤충들까지, 사람에게 피해를 끼치는 것들을 만들어 낸 걸 보면 하늘은 사람이 미워 죽이려는 것 같은데, 이렇게 미워했다 사랑했다 변덕을 부리는 건 어째서요?"

조물주는 이렇게 말했다.

"자네가 물어본 사람과 만물이 생겨나는 일은, 모두 하늘의 계획이 처음 결정되어 아직 또렷한 모습으로 실현되지는 못한 때에 정해져서 저절로 자연스레 이루어진 것이기에, 하늘도 알지 못하고 조물주인 나도 알지 못한다네.

사람이 태어나는 것은 본래 저절로 태어나는 것일 뿐 하늘이 태어나게 하는 것이 아니고, 오곡이며 뽕나무와 삼이 생겨나는 것 또한 본래 저절로 생겨나는 것이지 하늘이 생겨나게 하는 건 아닐세. 그런데 더구나 무슨 이로운 것과 해로운 것을 따져서 이 세상에 일부러 늘어놓았겠는가.

세상의 이치를 깨친 사람은 이로운 일이 다가오면 오는 대로 받으며 구차히 기뻐하지 않고, 해로운 일이 다가오면 오는 대로 맞닥뜨리며 구차히 싫어하지 않는다네. 텅 빈 마음으로 만물을 만나니 어떤 것도 그에게 상처를 입히지 못하는 것이지."

나는 또 물었다.

"혼돈 상태의 우주를 한 덩어리로 채우고 있던 기운이 비로소 나뉘어, 위로는 하늘이 생기고 아래로는 땅이 생기며 그 가운데에 사람이 있게 되었으니, 이 셋을 삼재(三才)라고 하오. 삼재는 똑같은 이치로 생겨난 것인데, 사람에게 해를 끼치는 존재가 있는 것처럼 하늘에도 해가 되는 존재가 있소?"

조물주는 이렇게 대답했다.

"내가 아까 세상의 이치를 깨치면 아무도 그에게 상처를 입힐 수 없다고 하지 않았는가. 하늘이 아무렴 그런 사람만 못해서 스스로에게 해가 되는 존재를 두었겠는가?"

이에 나는 물었다.

"정말 그렇다면 세상의 이치를 깨달은 사람은 저 하늘 위 옥황상제의 궁궐에도 올라갈 수 있소?"

"물론일세."

조물주의 대답이었다.

나는 말했다.

"나는 이제 의심이 환히 풀렸소. 다만 당신이 '하늘도 모르고 조물주인 나도 모른다'라고 한 말씀은 잘 모르겠소. 하늘은 아무런 하는 일이 없으니 모른다고 해도 마땅하지만 당신은 만물을 만든다는 조물주 아니오. 어떻게 모를 수가 있소?"

조물주의 대답은 이러했다.

"내 손으로 만물을 만드는 걸 자네는 본 적이 있는가? 만물은 저절로 생겨나고 저절로 변화할 뿐이라네. 내가 무얼 만들며, 무얼 알겠는가? 나에게 왜 조물주라는 이름을 붙였는지 나도 모른다네."

이규보는 파리와 모기 같은 해충이 왜 세상에 있어야 하는지 의문이 들어 이런 글을 써 보았다 한다. 세상은 저절로 생겨난 것이다. 세상을 자기중심적·인간 중심적으로 보지 않는 데에 해답이 있다.

봄의 단상

　봄날이 한창 화창할 때라 마음이 즐거워져, 높은 데 올라 사방을 바라본다.
　부슬부슬 내리던 곡우(穀雨)도 갠 뒤라 나무들은 새로 씻은 듯 깨끗하고, 먼 강물 일렁이는 곳에 연초록 버드나무 하늘거린다. 비둘기는 울며 날개를 치고, 꾀꼬리는 아름다운 나무에 모여 앉았다. 온갖 꽃들 피어나 고운 비단을 펼쳐 놓은 듯한데, 푸른 숲 사이로 다문다문 보이니 참으로 알록달록하다. 들판에는 푸른 풀이 무성히 돋아 소들이 흩어져 풀을 뜯는다. 여인들은 광주리 끼고 야들야들한 뽕잎을 따는데 부드러운 가지를 끌어당기는 손이 옥처럼 곱다. 그들이 서로 주고받는 민요는 무슨 가락의 무슨 노래일까.
　가는 사람과 앉은 사람, 떠나는 사람과 돌아오는 사람들 모두가 봄을 즐기느라 온화한 표정이니 그 따뜻한 기운이 나에게도 전해지는 것 같다. 그런데 먼 사방을 바라보는 나의 마음은 왜 이토록 민망하고 답답하기만 할까.
　봄이 되어 붉게 장식한 궁궐에도 해가 길어지니, 온갖 일들로 바쁜 천자(天子)에게도 여유가 생긴다. 화창한 봄빛에 설레어

가끔 높은 대궐에 올라 먼 곳을 바라보노라면 장구 소리는 높이 울려 퍼지고, 발그레한 살구꽃이 일제히 꽃망울 터뜨린다. 너른 중국 땅의 아름다운 경치를 바라보니 기쁘고 흡족하여 옥잔에 술을 가득 부어 마신다. 부귀한 사람이 봄을 볼 때는 이러하리라.

왕족과 귀족의 자제들은 호탕한 벗들과 더불어 꽃을 찾아다니는데, 수레 뒤에는 붉은 옷 입은 기생들을 태웠다. 가는 곳마다 자리를 펼쳐 옥피리와 생황(笙簧)을 연주하게 하며, 곱게 짠 비단 같은 울긋불긋한 꽃을 바라보고, 취한 눈을 치켜뜨고 이리저리 거닌다. 화려하고 사치스러운 사람이 봄을 볼 때는 이러하리라.

한 어여쁜 부인이 빈 방을 지키고 있다. 천 리 멀리 떠도는 남편과 이별한 뒤 소식조차 아득해져 한스럽다. 마음은 물처럼 일렁거려, 쌍쌍이 나는 제비를 보다가 난간에 기대어 눈물 흘린다. 슬프고 비탄에 찬 사람이 봄을 볼 때는 이러하리라.

먼 길 떠나는 벗을 보내는 날, 가랑비는 가벼운 먼지를 적시고 버드나무는 푸르다. 이별 노래 끝마치자 떠나가는 말도 슬피 운다. 높은 언덕에 올라 떠나는 벗을 바라보는데, 만발한 꽃 사이로 그 모습 점점 사라질 때 마음은 더욱 흔들린다. 애달픈 이별을 하는 사람이 봄을 볼 때는 이러하리라.

군인이 출정(出征)하여 멀리 고향을 떠나와 지내다가 변방에서 또 봄을 맞아 풀이 무성히 돋는 걸 볼 때나, 남쪽 지방으로 귀양 간 나그네가 어두워질 무렵 푸른 단풍나무를 보게 될 때면, 언제나 발길을 멈추고 고개를 들어 이윽히 보고 있지만 마음은 조급하고 한스러워진다. 집 떠난 나그네가 봄을 볼 때는 이러하리라.

여름날에는 찌는 듯한 더위가 고생스럽고, 가을은 쓸쓸하기만 하며, 겨울에는 꽁꽁 얼어붙어 괴롭다는 걸 나는 잘 알고 있다. 이 세 계절은 너무 한 가지에만 치우쳐서 변화의 여지도 없이 꽉 막힌 것 같다. 그러나 봄날만은 보이는 경치와 처한 상황에 따라, 때로는 따스하고 즐거운 마음이 들게도 하고, 때로는 슬프고 서러워지게 하기도 하고, 때로는 절로 노래가 나오게 하기도 하고, 때로는 흐느껴 울고 싶게 만들기도 한다. 사람들의 마음을 하나하나 건드려 움직이니 그 마음의 가닥은 천 갈래 만 갈래로 모두 다르다.

그런데 나 같은 이는 어떠한가. 취해서 바라보면 즐겁고, 술이 깨어 바라보면 서럽다. 곤궁한 처지에서 바라보면 구름과 안개가 가려진 것 같고, 출세하고 나서 바라보면 햇빛이 환히 비치는 것 같다. 즐거워할 일이면 즐거워하고 슬퍼할 일이면 슬퍼할 일이다. 닥쳐오는 상황을 마주하고 변화하는 조짐을 순순히 따르며 나를 둘러싼 세상과 더불어 움직여 가리니, 한 가지 법칙(法則)만으로 헤아릴 수는 없는 것이다.

봄을 보는 다양한 시선을 제시하며, 세상은 한 가지 법칙만으로 헤아릴 수 없으니 변화하는 세상과 더불어 움직여 가야 하리라는 깨달음을 보여 주고 있다.

이상한 관상쟁이

어떤 관상쟁이가 있었다. 어디서 왔는지도 알 수 없고, 따로 관상 보는 책을 읽은 것도 아니며, 관상 보는 법칙을 따르지도 않는데, 이상한 방법으로 관상을 잘 보아서 모두 그를 이상한 관상쟁이라 불렀다. 점잖은 체면의 벼슬아치와 남녀노소 할 것 없이 앞 다투어 그를 불러들이거나 찾아가 관상을 봐 달라고 하였다.

그 관상쟁이는 부유하고 신분이 높으며 살찌고 얼굴에 기름이 흐르는 사람의 관상을 보고는 이렇게 말했다.

"당신의 모습이 매우 수척해 보이니 당신만큼 천한 족속도 없겠소."

한편, 가난하고 천하며 여윈 사람의 관상을 보고는 이렇게 말하였다.

"당신의 모습이 살쪄 보이니, 당신만큼 귀한 족속도 드물 것이오."

장님의 관상을 보고는 말했다.

"눈이 밝은 사람이다."

민첩하고 달리기를 잘하는 사람의 관상을 보고는 말했다.

"절름발이라 걷지 못하는 사람이다."
미모가 빼어난 부인의 관상을 보고는 말했다.
"아름답기도 하고 못나기도 하다."
세상에서 너그럽고 어질다고 일컫는 사람의 관상을 보고는 말했다.
"만인(萬人)의 마음을 아프게 하리라."
당시 사람들이 대단히 잔인하다 일컫는 사람의 관상을 보고는 말했다.
"만인의 마음을 즐겁게 하리라."
그의 관상은 거의 이런 식이었다.
다만, 길흉화복이 어떻게 일어나는 것인지에 대해서는 잘 말할 줄 모를 뿐만 아니라, 손님들의 처지나 상황 따위는 모두 잘 맞히지 못하였다. 그러자 여러 사람들은 그를 사기꾼이라 떠들어 대며 잡아다 심문하여 거짓말한 죄를 다스려야 한다고 하였다.
나는 홀로 사람들을 말리면서 이렇게 말했다.
"대체로 말에는 처음에는 귀에 거슬리지만 나중에는 순순히 받아들여지는 말도 있고, 겉으로 듣기에는 얄팍한 얘기 같지만 속으로는 깊고 먼 뜻을 품고 있는 말도 있소. 그도 역시 눈이 있는 사람인데, 어찌 살찐 사람이며 여윈 사람·눈먼 사람인 줄 몰라서, 살찐 사람더러 여위었다 하고 여윈 사람더러 살쪘다 하며 눈먼 사람더러 눈이 밝다 했겠소? 그는 반드시 관상을 특별히 잘 보는 사람일 거요."

나는 목욕하고 옷매무새를 단정히 하여 그 관상쟁이가 사는 곳에 찾아갔다. 그리고 그의 곁에 있는 사람들을 모두 물러가게 하고는 그에게 이렇게 물어보았다.

"당신이 이러이러한 사람들의 관상을 보고 '이러이러하다'라고 말한 것은 어째서요?"

그는 이렇게 대답했다.

"부유하고 신분이 높으면, 거만하고 남을 업신여기는 마음이 자랍니다. 그리하여 죄가 가득 차면 하늘이 반드시 그 사람을 거꾸러뜨려 장차 겨죽도 못 먹을 때가 오게 됩니다. 그러니 '여위었다'라고 한 것이고, 앞으로 보잘것없는 비천한 사나이가 될 테니 '당신의 족속이 천할 것이다'라고 한 겁니다.

가난하고 신분이 낮으면, 뜻을 굽히고 자신을 낮추어 걱정하고 두려워하며, 반성하고 수양하는 마음이 있게 됩니다. 그러다 막힌 운수가 끝나면 반드시 운수가 트이게 되는 법이지요. 그러니 육식(肉食)을 하며 부귀하게 살 징조가 보여 '살쪘다'라고 한 것이고, 앞으로 만 석(石)의 봉급을 받고 다섯 대의 수레를 굴릴 만큼 존귀하게 될 테니 '당신의 족속이 귀할 것이다'라고 한 겁니다.

요염한 자태와 아름다운 얼굴을 엿보다가는 위험을 건드리기 쉽고, 진귀하고 좋은 보배를 보면 욕심이 생깁니다. 그러니 사람의 마음을 혹하게 하고 사람의 바른 마음을 구부러뜨리는 것은 눈이라 하겠습니다. 눈에 보이는 대로 따르다가 생각도 못한 치욕을 당하게 되니 이 어찌 눈먼 것이라 하지 않겠습니까? 그렇지만 장님은 마음이 맑아 욕심도 위험도 없으니 몸을 온전히 지킬 수 있고 치욕을 당할 일도 없습니다. 이런 점은 현명한 사람이나 깨달은 사람보다 낫다고 하겠기에 '눈이 밝다'라고 한 겁니다.

대체로 민첩한 사람은 용맹을 좋아하는데, 용맹한 이는 다른 많은 사람을 깔보기가 쉽습니다. 그러다 결국에는 자객(刺客)이나 악당의 우두머리나 되었다가, 무관(武官)에게 잡히고 옥에 갇혀 감시를 받겠지요. 발에는 차꼬를 차고 목에는 큰칼을 썼으니 아무리 달아나려 한들 그럴 수 있겠습니까? 그래서 '절름발이라 걸을 수 없다'라고 한 겁니다.

그리고 빼어난 미모라는 것은, 음탕하고 사치스러운 자가 보면 귀한 구슬처럼 고와 보이겠지만 정직하고 순박한 사람이 보면 진흙처럼 흉해 보이는 법입니다. 그래서 '아름답기도 하고 못나기도 하다'라고 한 것이지요.

한편, 어질다는 사람이 죽으면 사람들이 북적북적 모여 그를 그리며 눈물을 흘리고 마치 어머니를 잃은 어린 아기처럼 슬퍼할 것입니다. 그래서 '만인의 마음을 아프게 한다'라고 한 겁니다.

반면에 몹시 잔인한 사람이 죽으면, 길거리마다 노래를 주고 받고 양고기 안주에 술을 차려 놓고 축하하게 될 것입니다. 이 중에는 웃느라 입을 다물지 못하고, 손바닥이 찢어져라 손뼉을 칠 사람도 있겠지요. 그래서 '만인을 기쁘게 한다'라고 한 겁니다."

나는 깜짝 놀라 일어나서 이렇게 말했다.

"과연 내 말이 맞았구나. 이 사람은 정말 관상을 유별나게 잘 보는구나! 그의 말은 좌우명과 교훈으로 삼을 만하다. 이 사람은 결코, 얼굴 모양이나 표정만을 살펴 귀티가 나면 '몸에 거북 무늬가 있어 높은 벼슬하겠고, 코가 무소 뿔 모양이라 왕비가 될 상'이라 하고, 관상이 나쁘면 '벌의 눈처럼 퉁방울눈에다, 목소리는 표범처럼 날카로워 흉악한 상'이라는 식으로 늘상 하던 대로 똑같은 말만 주워섬기면서 스스로 신통하다고 떠벌리는 그런 관상쟁이가 아닌 것이다."

그리고 집에 돌아와 그의 대답을 적어 둔다.

현상의 이면을 볼 줄 아는 관상쟁이의 능력을 무엇보다 귀중히 여기고 있다.

뇌물 권하는 사회

내가 배를 타고 어떤 강을 건너 남쪽으로 갈 때의 일이다. 그때 바로 곁에서 나란히 가는 배 하나가 있었는데, 그 배는 내가 탄 배와 크기도 같고 뱃사공의 수도 같았으며 배에 탄 사람이나 말의 수도 거의 비슷하였다. 그런데 조금 뒤에 보니 그 배는 나는 듯이 달려 벌써 건너편 언덕에 닿았는데 내가 탄 배는 머뭇거리기만 하고 나아가지 못하고 있는 것이었다. 그래서 그 까닭을 물었더니 같은 배에 있던 사람이 이렇게 말했다.

"저 배는 사공에게 술을 먹여서 사공이 힘을 다해 노를 저었기 때문이라오."

나는 부끄러운 마음이 없을 수 없어 탄식하며 이렇게 말했다.

"이것 참! 이렇게 조그만 배가 갈 때에도 뇌물을 주어야 빨리 앞서가고 뇌물이 없으면 미적미적 뒤처지는데, 하물며 벼슬자리를 다투는 마당에서야 어떻겠는가! 내 수중에 돈이 없으니 지금껏 작은 벼슬자리 하나 맡지 못한 것도 당연한 거지."

훗날 보려고 이렇게 적어 둔다.

세태에 대한 풍자가 자신의 불우한 처지에 대한 탄식과 닿아 있다.

바위와의 대화

커다란 바위가 나에게 이런 질문을 했다.
"나는 하늘이 낳아 주어 땅 위에 살고 있네. 밥그릇을 엎어 놓은 것처럼 안정되고 뿌리박은 듯 탄탄하여 무엇이 부딪쳐도 굴러가지 않고, 사람이 밀어도 움직이지 않지. 이렇게 내 본성을 지키며 생긴 그대로 온전히 살아갈 수 있으니 참으로 즐겁다네.
자네도 하늘이 내려 준 생명을 받아 사람이 되었지. 그런데 사람은 만물 가운데 가장 총명하고 뛰어나다면서 어째서 제 몸과 마음을 뜻대로 하지 못하고 항상 만물에 얽매여 남이 떠미는 대로 움직이는 건가? 때로 무엇이 유혹하면 거기 빠져 들어 헤어나지 못하고, 때로 무언가 기다린 대로 오지 않으면 몹시 슬퍼하며 얼굴을 펴지 못하지. 또 남이 옳다고 여겨 주면 기가 살았다가 남이 배척하면 곧 움츠러들지 않나. 자신의 참된 모습도 잃어버리고 지조 없이 움직이는 것으로 사람만한 게 또 어디 있겠나? 만물 가운데 가장 총명하고 뛰어나다는 것이 어쩌면 이런가?"
나는 웃으며 이렇게 응수했다.
"너라는 존재는 어디서 생겨난 건지 아나? 불경(佛經)에서는 이렇게 말했지. '우둔하고 어리석은 정신이 변화하여 나무와 돌이 된다'고. 그렇다면 너는 이미 신령스럽고 총명한 기운을 잃어버렸기 때문에 이렇게 딱딱한 돌덩이가 된 것이지.

  더구나 너는 옛날에 귀한 옥을 감싸고 있다가 그 옥을 꺼내려는 사람 손에 쩍 갈라졌고, 옥이 많이 난다는 곤륜산에 불이 났을 때 옥과 함께 불타오른 적도 있지. 또 내가 만일 용을 타고 하늘에 올라가면 너는 반드시 디딤돌이 되어 내 발에 밟힐 것이고, 내가 죽어서 땅속에 묻히면 너는 당연히 나를 위해 비석이 되느라 깎여 손상되겠지. 이게 바로 남 때문에 움직이고 본성을 해치는 것 아니겠어? 그러면서 도리어 나를 비웃을 수 있겠나?

  나는 안으로는 참된 것을 가득 채우고, 밖으로는 만물에 대한 집착을 비웠다네. 그래서 혹시 나 아닌 어떤 것 때문에 움직이게 된다 해도 마음까지 따라 움직이는 건 아니고, 누가 나를 떠민다 할지라도 그 사람에게 불만을 갖지 않네. 상황이 닥쳐오면 행동하고, 불러 주면 간다네. 갈 때는 가고 멈출 때는 멈추니, 좋을 것도 안 될 것도 없는 것이지. 자네는 빈 배를 본 적이 없나? 우리가 배를 타고 강을 건너갈 때 빈 배가 떠내려와 부딪치면 아무도 화를 내지 않지. 그렇지만 거기 사람이 타고 있었다면 모두들 비키라고 소리치고 욕하지 않았겠나. 나는 바로 그 빈 배를 닮은 사람일세. 그런데 자넨 어째서 나를 꾸짖어 대는 건가?"

  그러자 바위는 부끄러워하며 대답이 없었다.

사람들은 일반적으로 자신의 본성을 꿋꿋이 지키지 못하는 인간의 연약함을 탄식하며 언제나 변함없는 바위의 모습을 닮고 싶어 한다. 이규보는 그런 천편일률적인 사고방식을 뒤집어, 바위도 변함없는 존재는 아니라는 것을 보여 주고, 한 군데에 집착하지 않는 자유로운 정신의 경지로 나아가야 함을 깨우쳐 주고 있다.

매미를 놓아주다

이[蝨]와 개에 관한 명상

한 손님이 나에게 이런 말을 했다.

"엊저녁에 어떤 불쾌하게 생긴 남자가 큰 몽둥이로 떠돌이 개를 쳐 죽이는 걸 봤는데, 너무도 불쌍하고 마음이 아프더군요. 그래서 앞으로 개고기나 돼지고기를 먹지 않기로 마음먹었습니다."

나는 이렇게 대꾸했다.

"어제 어떤 사람이 불이 이글이글한 화로 곁에 앉아서 이를 잡는 족족 태워 죽이는 걸 봤는데, 마음이 아파 다시는 이를 잡지 말아야겠다고 다짐했지요."

손님은 놀라며 이렇게 말했다.

"이는 하찮은 벌레 아닙니까. 나는 덩치가 있는 큰 짐승이 죽는 걸 보고 불쌍해서 그렇게 말한 것인데 당신은 이런 식으로 대꾸하다니, 나를 놀리는 게 아니오."

이 말을 듣고 나는 다음과 같이 말하였다.

"무릇 생명이 있는 것이라면, 사람으로부터 소나 말, 돼지와 염소, 개미 같은 곤충에 이르기까지, 삶을 사랑하고 죽음을 싫어하는 마음은 같은 법이라오. 어찌 꼭 큰 생물만이 죽음을 싫어하고, 작은 생물은 그렇지 않다 하겠소? 그렇다면 개와 이의 죽음은 동일한 것이지요. 그래서 당신의 말에 대해 그렇게 대꾸한 것이지, 어떻게 일부러 당신을 놀리려고 한 말이겠소?

내 말을 믿지 못하겠거든 당신의 열 손가락을 한번 깨물어 보시구려. 어디 엄지손가락만 아프고 나머지는 아프지 않습디까? 한 몸에 있는 것이라면 크고 작은 마디 하나하나에 모두 생명이 깃들어 있기 때문에 똑같이 아픈 것이지요. 하물며 하늘로부터 제각각 숨과 기(氣)를 부여받은 존재로서, 어느 것은 죽음을 싫어하고 어느 것은 죽음을 좋아할 리가 있겠소?

그대는 물러가서 마음을 고요히 하고 가만히 생각해 보시오. 달팽이뿔을 쇠뿔같이 보고, 메추라기와 붕(鵬)새를 평등하게 보게 된 연후에라야 나는 그대와 함께 도(道)에 대해 말할 수 있을 것이오."

붕(鵬)새는 북쪽 바다에 살고 있다는 전설 속의 커다란 새이다. 한 번에 구만 리를 날아오르는데, 이때 날개는 구름처럼 하늘을 뒤덮고 삼천 리 먼 곳까지 파도가 일어난다고 한다. 만물이 그 겉모습의 차이에도 불구하고 근원적으로 평등한 까닭은 생명을 가지고 있기 때문이다.

매미를 놓아주다

교활한 거미란 놈들은 참 잘도 불어난다. 누가 너에게 그런 교묘한 재주를 내려 주어 둥그런 뱃속에서 실그물을 자아내게 되었을까.

매미 한 마리가 거미줄에 걸려 너무나 슬픈 소리를 내기에 나는 차마 들을 수 없어 풀어 주어 날아가게 했다. 곁에 있던 누군가가 나에게 이렇게 따졌다.

"이 두 미물은 똑같이 하찮은 벌레들입니다. 거미가 당신에게 무슨 해를 입혔고 매미는 또 무슨 도움을 주었다고, 매미는 살려 주고 거미는 굶기는 겁니까? 이놈은 당신의 덕을 보았겠지만 저놈은 반드시 억울하게 여길 겁니다. 이런 행동을 하다니, 누가 당신더러 지혜롭다 하겠습니까?"

나는 처음에는 이마를 찡그리고 대답하지 않다가 이윽고 한마디 말로 그의 의심을 풀어 주었다.

"거미는 본래 욕심이 많지만 매미는 성질이 맑습니다. 먹을 것만 밝히는 거미의 욕심은 채우기 어렵지만, 이슬만 먹는 매미의 뱃속에 무슨 계산이 있겠습니까? 더러운 욕심으로 맑은 매미를 괴롭히니 내 마음에 차마 두고 볼 수 없었습니다."

거미는 어쩌면 저리도 가느다란 실을 토해 내는지 비록 이루(離婁)처럼 눈이 밝은 사람에게도 보이지 않을 것이다. 그런데 하물며 슬기가 없는 벌레들이 어찌 자세히 볼 수 있겠는가. 그러니 날아 지나가려다 갑자기 걸려들고, 날개를 퍼덕일수록 더욱 얽혀 들게 되는 것이다.

저 왱왱거리는 파리는 비린내가 좋아 따라다니는 놈이고, 나비는 꽃향기를 탐내어 정신없이 팔락거리며 바람이 부는 대로 따라다니느라 멈추지 않는 놈이니, 비록 걸려든다 해도 무얼 원망하겠는가? 원래 스스로가 욕심을 가졌던 탓인데.

매미 너는 유독 다른 존재와 다툰 적도 없는데 어쩌다 이렇게 갇히는 신세가 되었느냐? 너를 묶은 거미줄을 풀어 주며 이렇게 간곡히 당부한다.

"키 큰 나무숲을 찾아 잘 가거라. 맑고 깊숙한 나무그늘을 골라 머물러야지 자꾸 옮겨 다니면 안 된다. 그리고 또 거미들이 엿보고 있으니 한 곳에 너무 오래 머물지도 마라. 사마귀가 뒤에서 노리고 있으니 다닐 땐 조심해라. 그러면 잘못되지 않을 거다."

그가 거미를 싫어하는 것은 교묘한 수단으로 다른 생명을 해치기 때문이다. 매미는 이슬을 마시며 사니 욕심도 없고 다른 존재를 해치지도 않는다. 그런데 죄도 없이 교활한 거미에게 걸려들었으니 이를 가엾게 여겨 굳이 풀어 준 것이다.

바둑이는 들어라

　너는 털에 무늬가 있으니 반호(槃瓠)[1]의 자손인가? 너는 재빠르고 영리하니 오룡(烏龍)[2]의 후예인가? 발바닥은 동그랗고 주둥이는 새카맣고 뼈마디는 미끈하고 근육은 탄탄한 너, 주인을 그리는 정성이 사랑스럽고, 문을 지키는 책임을 잊지 않아 미덥다. 나는 이 때문에 너의 용맹을 가상히 여기고 너의 마음을 아끼는바, 집에서 기르며 귀여워하고 밥을 주는 것이다.
　너 비록 하찮은 짐승이지만 북두칠성의 정기를 받았으니, 그 영특함과 지혜로움은 다른 동물에 비할 바 아닐 것이다. 그러니 주인님의 명령을 귀를 쫑긋 세우고 들으렷다.
　아무 때고 짖어 대면 사람들이 겁내지 않고, 아무나 물어 대면 재앙이 시작되느니라.
　높다랗게 갓을 쓰고 으리으리한 두 칸짜리 수레에 의젓이 앉아 명검(名劍)과 패옥(佩玉)을 차고 '물렀거라!' 하는 소리 온 동네에 쩌렁쩌렁 울리며 오는 사람이 있거든 너는 짖어서는 안 된다.
　지체해서는 안 되는 조정(朝廷)의 명령이 있어, 임금님이 나로 하여금 받들어 행하게 하시려고 급히 심부름꾼을 보내 나를

---

[1] 반호(槃瓠): 중국 고대 전설 속의 왕인 고신씨(高辛氏)가 기르던 개로, 털이 오색이었다.
[2] 오룡(烏龍): 중국 진(晉)나라의 장연(張然)이 길렀다는 영리한 개. 장연의 아내와 간통하던 노비가 장연을 죽이려 하자 그 노비를 물어 주인을 구했다.

대궐로 부르신 것이라면, 밤중이라도 너는 짖어서는 안 된다.

생강과 계피에 절인 육포를 쟁반에 그득히 쌓고, 생선 자반을 그릇에 담고, 뜸을 잘 들인 밥을 솥째로 들고, 단술 항아리와 술병을 가지고 와 예절을 갖추어 나를 선생님으로 받들고 공부를 배우려는 사람이 있거든 너는 짖어서는 안 된다.

도포를 입고 책을 끼고 와 이 주인님에게 이것저것 물어보고 대뜸 대답하고 짓밟듯 논박하고 캐묻고 따지려는 사람들이 빽빽하게 이르러도 너는 짖어서는 안 된다.

이제 짖고 물어도 되는 사람에 대해서도 내 말을 들으렷다.

허점을 엿보고 부주의한 틈을 타서 담장에 구멍을 내고 집 안을 염탐하여 재물을 훔치려는 자가 있거든 너는 주저 없이 잽싸게 짖어 대고 물어라.

겉은 기름처럼 부드러우나 속으로는 시기심으로 가득 차, 남의 잘잘못이나 염탐하며 독기와 칼날을 감추고 있는 자가 짐짓 고분고분하게 억지웃음을 지으며 오거든 너는 짖어도 좋다.

이리저리 두리번거리면서 요술을 부리고 괴상한 짓을 하여 사람을 유혹하고 현혹시키는 늙고 음탕한 무당이 문을 두드려 한번 뵙자고 한다면 너는 물어도 좋다.

교활한 귀신이나 요사스러운 도깨비가 틈을 타서 엿보거나 어둠을 타서 슬쩍 들어오려 하거든 너는 짖어 대어 쫓아내야

하리라.

살쾡이와 커다란 쥐가 담장을 뚫고 들어와 뒷간에 숨어 곁눈질하고 있거든 너는 물어 죽여 창자를 끄집어내도 좋다.

자루에 고깃덩이가 있어도 훔쳐 먹지 말고 솥에 고깃국이 있어도 핥아먹지 말며, 마루에 올라가지 말고 땅을 파헤치지 말며, 문간을 떠나지 말고 잠자기를 좋아하지 마라.

새끼를 낳으려면 주둥이가 몽톡하고 털이 복슬복슬하며, 표범의 가슴에 용의 꼬리를 닮은 놈을 낳아 주인님의 손자에게까지 충성하게 하려무나.

자, 네가 내 말을 공손히 듣고 명심하여 두루 힘쓴다면 천 년 뒤에 이 주인님이 신선이 될 적에 너에게 신선의 약을 먹여 하늘로 데리고 갈 테다. 누가 아니라 하겠느냐? 공손히 듣고 공손히 들어야지 흘려버려서는 안 되느니라.

도둑을 지키고, 무당을 못 들어오게 하며, 도깨비나 귀신도 막아야 하고, 살쾡이나 큰 쥐를 물어 죽이며, 겉과 속이 다른 사람을 향해서도 짖어 대야 하니, 바둑이의 임무가 막중하다.

쥐를 저주한다

우리 집에는 원래 고양이를 기르지 않기 때문에 쥐 떼가 이리저리 장난을 친다. 이에 그게 미워 저주하는 바이다.

생각건대, 사람의 집에서는 할아버지와 할머니를 어른으로 모시고 그 곁에서 도와드리며 각각 맡은 일을 하게 된다. 요리를 맡은 것은 여자 종이고, 마구간을 맡은 것은 남자 종이다. 그리고 그 아래로 말과 소, 양이며 돼지, 개와 닭에 이르기까지 각각 맡은 일이 나뉘어 있다. 말은 힘든 일을 대신하여 짐을 싣고 달리며, 소는 무거운 것을 끌고 때로는 밭을 간다. 닭은 울어 새벽을 알리고, 개는 짖어 문을 지키는 등 모두가 맡은 일을 하며 주인집을 돕는다.

그렇다면 여러 쥐들에게 묻겠다.

너희는 맡은 일이 무엇이고, 누가 너희를 집 안에서 길렀으며, 어디서 생겨나 번성하는고?

구멍을 뚫고 도둑질하는 것이 오직 너희가 맡은 일이라 하겠다. 그런데 도둑은 밖에서 들어오는 것이거늘, 너희는 어찌 안에 살면서 도리어 주인의 집에 해를 끼치느냐?

구멍을 많이 만들어 이리저리 들락날락하며, 어둠을 틈타 마구 짓밟고 밤새도록 찍찍거리며, 사람이 잠을 잘 땐 더욱 방자하게 굴고 대낮에도 버젓이 다니며, 방에서 부엌으로 마루에서 방으로 왔다갔다 하며, 부처님께 올리는 음식과 신령님께 바치는 음식에 너희가 먼저 입을 대니, 이는 신령님을 능멸하고 부처님을 무시하는 것이다. 단단한 데에 구멍을 내어 상자나 궤 속에 잘 들어가며, 구들에 구멍을 내어 방구석에서 연기가 나게 하기도 한다. 음식을 훔쳐 먹는 것은 너희도 배를 채워야 하니 그래야 한다고 치자. 그런데 어째서 옷을 쏠아 조각조각을 내는 것이며, 어째서 실꾸리를 씹어 비단을 짜지 못하게 하느냐.

너희를 꼼짝 못하게 하는 고양이를 내가 어찌 기르지 않겠느냐마는, 내 성품이 본디 자비로워 차마 무얼 해치지 못한다. 내 덕을 보는 걸 조금이라도 알아주지 않고 날뛰어 내 심기를 건드린다면 너희를 응징하여 후회하게 만들 터이니 우리 집에서 얼른 달아나라. 그렇지 않으면 사나운 고양이를 풀어 하루 만에 너희 족속의 씨를 말리리라. 고양이의 주둥이에 너희의 기름이 칠해지고 고양이의 뱃속에 너희의 고기를 장사 지내게 되리라. 그때에는 비록 다시 살아나고 싶어도 목숨을 대신할 수 있는 것이 없으리니 얼른 가거라, 얼른 가. 국법(國法)처럼 신속히 따르렷다!

쥐가 집 안에서 여러 모로 해악을 끼치고 있는데도 함부로 죽여 없애려 들지 않고, 말을 하여 쫓아내려 하는 점이 이채롭다. 그런데 쥐가 말을 들어주지 않았는지 결국은 고양이 한 마리를 구해 왔다.(「검은 고양이」 참조)

거북 선생의 일생

거북 선생은 어떠한 사람인지 알 수 없다. 다만 누군가는 이렇게 말한다.

"거북 선생의 조상은 신통력을 지닌 사람이다. 형제가 열다섯 명인데 모두 체구가 크고 힘이 엄청났다. 그래서 옥황상제가 이들에게 바다 가운데 있는 다섯 개의 산을 떠받치게 했었다."

그렇지만 그 자손의 대에 이르러 용모도 보잘것없어지고 힘이 세다고 이름난 자도 없자, 오로지 점치는 일을 직업으로 삼게 되었다. 그 이후로는 터가 좋은지 나쁜지 살펴 이사를 자주 다녔기 때문에 그의 고향이나 가문의 내력에 대해서는 자세히 알 수 없다.

그의 먼 조상 가운데 한 분인 바다거북 공(公)은 요(堯)임금 시대에 낙수(洛水) 가에 은거하였다. 임금은 그가 어질다는 소문을 듣고 하얀 옥구슬을 예물로 보내어 그를 초빙했는데, 바다거북 공은 신기한 그림을 등에 지고 가서 임금에게 바쳤다. 임금은 그를 가상히 여겨 낙수의 후작으로 임명했다.

거북 선생의 증조부는 자칭 옥황상제의 사자(使者)로, 이름을 밝힌 적은 없지만, 바로 국법(國法) 아홉 가지를 적은 것을 등에 지고 가 우(禹)임금에게 바친 인물이다. 한편, 할아버지는 갑골거북 공(公)으로, 우임금의 시대에 곤오(昆吾)에서 금을 녹여 나라의 보물인 큰 솥을 주조할 때 옹난을(翁難乙)과 함께 열과 성을 다해 돕고 점을 쳐서 조언하였다.[1] 아버지는 중광(重光)으로, 나면서부터 왼쪽 옆구리에 '중광의 갑자(甲子)에 나를 얻는 사람은 서민이라면 제후(諸侯)가 될 것이고, 제후라면 제왕(帝王)이 되리라'[2] 라는 글이 있었기에, 그 글을 따와서 '중광'이라는 이름을 붙였던 것이다.

거북 선생은 퍽 침착하고 생각이 깊었다. 그의 어머니는 북두칠성 가운데 일곱째 별이 품에 들어오는 꿈을 꾸고 잉태하여 그를 낳았다. 이때 관상을 보는 사람은 이렇게 말했다.

"등은 편편한 언덕을 본받았고 별자리 무늬가 있으니 필시 신성한 존재가 될 상이구나!"

거북 선생은 장성하여 천문 현상을 깊이 연구해, 하늘과 땅, 해와 달, 음(陰)과 양(陽), 추위와 더위, 비와 바람, 어둠과 밝음, 재앙과 길조(吉兆), 화(禍)와 복(福) 등의 변화를 미리 알 수 있었다. 한편으로는 신선의 호흡법과 도인법(導引法) 등 불로장생 술을 배우기도 하였으며, 무(武)를 숭상하여 언제나 갑옷을 입고 다녔다.

임금이 그의 명성을 듣고 사자(使者)를 보내어 불렀으나 그

1_ 할아버지는~조언하였다: 우임금 때 곤오에서 커다란 솥을 주조할 적에 옹난을을 시켜서 거북점을 치게 했다 한다.

2_ 중광의~되리라: 중국 전설 속의 가림(嘉林)이라는 아름답고 평화로운 곳에는 연꽃에 보금자리를 둔 신령한 거북이 살고 있는데, 그 거북의 옆구리에는 "중광(重光: 십간十干 가운데 신辛을 가리킴)의 갑자에 나를 얻는 사람은, 서민이라면 제후가, 제후라면 제왕이 되리라" 라는 글이 새겨져 있었다 한다.

는 거만스레 돌아보지도 않고 이런 노래를 불렀다.

"진흙 속에서 노니 즐거움이 끝이 없네. 상자에 갇혀 사랑받기 내 어찌 바라겠나?"

그러고는 웃으며 대답이 없었다. 그리하여 거북 선생을 임금에게 데려갈 수 없었다.

그 뒤에 송(宋)나라 원왕(元王) 때 고기잡이 예저(豫且)가 그를 강제로 협박하여 임금에게 데려가려고 한 일이 있었다. 그런데 그들이 임금을 아직 만나 뵙기 전에, 임금의 꿈속에 어떤 사람이 검은 옷을 입고 수레를 타고 와서 이렇게 아뢰는 것이었다.

"저는 맑은 강에서 온 사자(使者)입니다. 이제 임금님을 뵈오려 합니다."

그런데 이튿날 과연 예저가 거북 선생을 데리고 와서 뵈었다. 임금은 대단히 기뻐하며 거북 선생에게 벼슬을 내리려 하였으나 그는 이렇게 아뢰었다.

"저는 예저가 억지로 가자고 하는데다, 임금님께서 덕이 있으시다는 소문을 들었기에 이렇게 와서 뵙게 된 것일 뿐입니다. 벼슬은 저의 본뜻이 아닙니다. 임금님께서는 어째서 저를 붙잡아 두려 하시옵니까?"

그러자 임금은 그를 보내 주려 하였는데, 위평(衛平)이라는 신하가 '거북을 쓰는 것이 좋겠다'라고 남몰래 충고하자 생각을 바꾸어 그를 수형승(水衡丞)3으로 임명하였다. 그리고 또 도수사자(都水使者)4로 옮겨 주었다가 이윽고 대사령(大史令)5으로 승진시켰다. 그리하여 나라에서 실시하는 여러 일들은 크고 작은 것을 막론하고 전부 그에게 물어본 뒤에야 행하였다.

어느 날, 임금은 이런 농담을 했다.

"그대는 신명(神明)의 후예인데다 길흉화복도 환히 알고 있으면서, 어째서 자신의 몸을 지키지 못하고 예저의 꾐에 빠져 과인(寡人)에게 잡혀 오게 되었는가?"

거북 선생은 이렇게 말했다.

"눈이 밝아도 보지 못하는 것이 있고, 슬기로워도 미처 생각하지 못하는 것이 있어서 그렇게 되었습니다."

이 말에 임금은 웃고 말았다.

그후 그가 결국 어떻게 되었는지 아는 사람이 없다. 하지만 지금도 점잖은 벼슬아치 중에는 거북 선생의 덕을 사모하여 황금으로 그의 모습을 본떠 차고 다니는 사람이 있다.

한편, 거북 선생의 맏아들 원서(元緖)6는 가마솥에 삶기는 형벌을 받는 처지가 되었는데, 죽음을 앞두고 이렇게 탄식했다고 한다.

"좋은 날인지 택일(擇日)도 하지 않고 다니다가 오늘 이렇게 삶기게 되었구나. 그렇지만 남산의 나무를 다 태워도 나를 문드

3_ 수형승(水衡丞): 수도(首都)의 하천을 관리하는 벼슬.
4_ 도수사자(都水使者): 물길을 관리하는 벼슬.
5_ 대사령(大史令): 나라의 제사와 역법 등을 맡은 벼슬.
6_ 원서(元緖): 원서는 거북의 별칭이다. 중국 삼국시대에 어떤 사람이 큰 거북을 잡아 오왕(吳王) 손권(孫權)에게 바치려고 배에 실어 큰 뽕나무에 묶어 두었다. 밤중에 뽕나무가 갑자기 "원서야, 어쩌다 그리 되었느냐?"라고 외치자 거북은 "택일도 않고 다니다가 삶기는 신세가 되었다"고 대답했다 한다.

러지게 하지는 못하리라!"

그는 이와 같이 비분강개(悲憤慷慨)하였다.

둘째 아들 원저(元佇)[7]는 중국 남쪽의 오(吳)나라와 월(越)나라 사이를 방랑하며 자신을 동현(洞玄: 그윽하고 현묘하다는 뜻) 선생이라 일컬었다.

셋째 아들은 역사책에 이름이 남아 있지 않은데, 몸집이 매우 조그맣고 점을 칠 줄 몰랐다. 그저 나무에 올라가 매미를 잡곤 했는데, 역시 가마솥에 삶기는 처지가 되었다.[8]

거북 선생의 족속들 중에는 때로 득도(得道)하여 천 년 동안 죽지 않고 푸른 구름으로 덮인 곳에 산다는 이들도 있고, 때로는 낮은 벼슬아치가 되어 몸을 감추고 사는 이들도 있는데, 세상에서는 그들을 검은 옷의 벼슬아치라고 한다.

이 글을 쓰고 있는 역사 서술자는 이렇게 논평한다.

"깊이 감추어져 알아내기 어려운 것을 관찰하고 파악하여 조짐이 나타나기 전에 막아 내는 일이라면, 성인(聖人)도 종종 실수를 하는 법이다. 지혜로운 거북 선생도 예저의 술책을 막을 수 없었고 또 두 아들이 가마솥에 삶기게 되었을 때 구출하지 못하였다. 그러니 그 나머지 사람들이야 말해 무엇 하겠는가? 옛날, 공자(孔子)도 광(匡)이라는 곳에서 악당 양호(陽虎)로 오인받아 고난을 겪은 적이 있고, 또 제자 자로(子路)가 난리 중에 죽

7_ 원저(元佇): 남쪽 바닷가에 사는 거북의 이름이다.
8_ 셋째 아들은~처지가 되었다: 어떤 거북은 크기가 주먹만 하여 점을 치기에는 적합하지 않은데, 등껍질에 날카로운 톱니가 있어 나무에 잘 올라가고 매미를 잡아 먹는다고 한다. 또한 이 거북은 맛이 퍽 좋다 한다.

어 몸이 소금에 절여지는 형벌을 받게 된 걸 어쩌지 못했던 것이다. 아아! 조심하지 않아서야 되겠는가!"

이 작품은 가전(假傳)의 부류에 속한다. 가전이란 사물을 의인화하여 그 일생을 적은 문학 양식이다. 여기서는 거북과 관련된 고금의 이야기들을 모아 거북의 일생을 가상적으로 엮어 내었다. 거북이 점을 잘 치고 길흉화복을 잘 알아 국가의 정책 결정에 조언을 했다는 것은, 거북의 등껍질 조각을 불에 구워 점을 쳤던 과거의 풍습과 관련된 말이다.

누룩 선생의 행복하고 괴로웠던 삶

누룩 선생 '맑은술'의 자(字)는 '곤드레'이니 '술이 샘솟는 고을' 사람이다. 어렸을 때 애주가(愛酒家) 서막(徐邈)이 그를 귀여워해 이름과 자를 지어 주었다.

누룩 선생의 먼 조상은 '따뜻한 고을'이라는 곳에서 언제나 열심히 농사를 지어 먹고살았는데, 정(鄭)나라가 주(周)나라를 공격했을 때에 포로로 잡혀가 그 자손이 정나라에 퍼져 있기도 하다.

누룩 선생의 증조할아버지는 역사 기록에 이름이 남아 있지 않다. 할아버지 '보리 선생' 때에 술이 샘솟는 고을로 이사하여 거기 눌러 살다가 마침내 그곳 사람이 되었다. 아버지 '막걸리 선생'은 이 가문에서 처음으로 관직에 나아간 사람으로, 벼슬은 '명치고을'의 독우(督郵)[1]에 그쳤는데, 사농경(司農卿)[2] 곡(穀)씨의 따님과 결혼하여 누룩 선생 맑은술을 낳았다.

누룩 선생은 어려서부터 이미 생각이 깊고 아량이 넓었다. 그래서 아버지를 찾아왔던 손님이 그를 눈여겨보고 귀여워하며 이렇게 말했다.

"이 아이의 마음 그릇은 넓디넓은 강물과 같아서 더할 나위

---

[1] '명치고을'의 독우(督郵): 술이 나빠서 명치에 걸려 체할 것 같다는 말. 독우는 지방 감찰관을 뜻한다.
[2] 사농경(司農卿): 농사와 제사를 담당하는 벼슬.

없이 맑고, 휘저어도 흐려지지 않는다네. 그대와 얘기하는 것보다는 맑은술 누룩이와 함께 있는 게 훨씬 즐겁네그려."

그는 장성해서는 애주가로 이름난 유영(劉伶) 및 도연명(陶淵明)과 벗이 되었다. 이 두 친구는 일찍이 "하루라도 이 친구를 만나지 못하면 품위 없고 더러운 마음이 싹튼다"라고 한 적이 있는데, 서로 만나면 언제나 며칠 동안 함께 있으며 피곤한 줄도 모르고 마음 깊이 취하여 돌아가곤 했다.

한편, 고을에서는 누룩 선생을 '술지게미 언덕'을 관리하는 아전으로 불렀으나 나아가지 않았는데, 또 '배꼽고을'의 종사(從事)[3]로 부름을 받았다. 높은 벼슬아치들이 모두 입을 모아 누룩 선생을 추천하니 임금은 공거(公車)[4]에서 대기하게 했다. 얼마 있지 않아 임금은 누룩 선생을 불렀다가 돌려보냈는데, 한참이나 그가 가는 모습을 지켜보면서 이렇게 말했다.

"저 사람이 바로 술이 샘솟는 고을의 누룩 선생이로구나. 짐이 그의 향기로운 이름을 들은 지 오래였노라."

이 일이 있기 전에 태사(太史)[5]가 별자리를 관측하고는 주기성(酒旗星)[6]이 매우 환하게 빛난다는 보고를 올렸었는데, 과연 얼마 있지 않아 누룩 선생이 오게 되니 임금은 더욱더 신기하게 여긴 것이다. 그리하여 곧 주객낭중(主客郎中)[7]에 임명하였다가, 이윽고 국자좨주(國子祭酒)[8]로 승진시키고 예의사(禮儀

3_ '배꼽고을'의 종사(從事): 술이 배꼽까지 시원하게 잘 넘어간다는 것을 비유하는 말. 종사는 자사(刺史: 중국 당나라 때 주의 장관)에 딸린 벼슬아치로 문서 업무를 맡았다.
4_ 공거(公車): 상소를 받는 관청의 이름.
5_ 태사(太史): 천문과 시간을 담당한 관리.
6_ 주기성(酒旗星): 술을 담당한 별.
7_ 주객낭중(主客郎中): 손님 접대를 맡은 벼슬.
8_ 국자좨주(國子祭酒): 국자감에서 교육과 제사를 맡은 벼슬.

使)9_를 겸직하게 하였다. 이에 누룩 선생은 조정(朝廷)의 모든 연회나 종묘(宗廟)의 모든 제사에서 술을 올리는 예(禮)를 담당하여 항상 임금의 마음에 들도록 일을 잘하였다. 그리하여 임금은 그를 쓸 만한 인재라 여기고 후설(喉舌)10_의 일을 맡기고 후한 예로 대접하여, 언제나 임금을 뵈러 들어올 적에 가마에서 내리지 않아도 되게 할 정도였으며, 누룩 선생이라 하였지 이름을 함부로 부르지 않았다.

임금은 마음이 언짢았다가도 누룩 선생이 들어와 뵈면 비로소 크게 웃었으니 이처럼 임금의 사랑을 받은 것이었다. 성품이 온순하여 날마다 가까이 지내면서도 조금도 임금의 마음에 거슬리는 일이 없었으니 더욱더 사랑을 받게 되어 잔치가 있을 때마다 거침없이 임금을 수행하곤 했다.

누룩 선생의 세 아들 독한술과 단술, 쓴술은 아버지가 임금의 총애를 받는 걸 믿고 자못 방자하게 굴었다. 그러자 중서령(中書令)11_인 붓 대감이 상소를 올려 다음과 같이 누룩 선생을 탄핵하였다.

"임금님의 총애를 받는 신하가 그걸 믿고 멋대로 행동하는 것은 천하가 걱정하는 일입니다. 그런데 저 누룩이 보잘것없는 존재로서 요행히 3품이나 되는 벼슬에 올랐으나 마음이 대단히 모질어서 남의 속을 아프게 하길 좋아합니다. 이로 인해 만인(萬

9_ 예의사(禮儀使): 제사와 외교 등을 담당한 벼슬.
10_ 후설(喉舌): 목구멍과 혀라는 뜻인데, 언론을 담당하는 승지 벼슬을 가리키는 말이다. 여기서는 언제나 목구멍과 혀를 통해 술을 마셨다는 의미도 포함하고 있다.
11_ 중서령(中書令): 중서성(中書省)의 장관. 왕의 문서 업무를 맡음.

人)이 왁자지껄하게 떠들어 대고 골머리 아파하며 속을 앓고 있으니, 이자는 나라를 치료하는 충신이 아니라 백성에게 해독을 끼치는 역적인 것입니다. 게다가 누룩의 세 아들은 아버지가 총애를 받는다고 함부로 방자하게 굴어서 사람들에게 고통을 주고 있습니다. 폐하께서는 이들에게 사약을 내리시어 여러 사람의 입을 막으시옵소서."

이에 누룩 선생의 아들들은 그날로 독이 든 술을 마시고 자살하였고, 누룩 선생은 관직에서 쫓겨나 평민이 되었으며, 일찍이 누룩 선생과 친하게 지내던 술항아리 선생도 수레에서 뛰어내려 자살하였다.

원래 술항아리 선생은 우스운 소리를 잘해서 임금의 사랑을 받았는데, 누룩 선생과 친구가 되어 임금이 출입할 때마다 임금이 탄 수레의 뒷수레에 누룩 선생과 함께 타고 다녔었다. 하루는 술항아리 선생이 몸이 피곤해 누워 있으니 누룩 선생이 이런 농담을 했다.

"자네의 배가 비록 크지만 텅 비었으니 무엇이 들었겠어?"

그러자 술항아리 선생은 이렇게 대꾸했다.

"자네 같은 사람 수백 명은 들어갈걸."

그들은 이렇게 농담을 주고받곤 했던 것이다.

누룩 선생이 파면되고 나서 '배꼽고을'과 '명치고을' 사이에

도적 떼가 일어났다. 임금은 토벌을 명령하려 했으나 적당한 사람을 구하기 어려워 다시 누룩 선생을 발탁하여 원수(元帥)로 삼았다. 누룩 선생은 군대를 엄하게 통솔하고 병사들과 고락을 같이하며, '근심고을'에 물을 대어 한 번 싸우고 함락시킨 후 '오래 즐거운 제방'을 쌓고 돌아왔다. 임금은 그 공으로 그를 상동(湘東)12_의 제후로 봉하였다.

그 1년 뒤에 누룩 선생은 다음과 같은 상소를 올려 벼슬에서 물러나기를 간청하였다.

"저는 본디 미천한 집 자식으로 어려서 가난하여 남에게 이리저리 팔려 다니다가 우연히 임금님께서 마음을 비우고 너그럽게 받아들여 주시게 되었습니다. 물에 빠진 처지의 저를 건져 주시고 하해(河海)와 같은 은혜로 포용해 주셨지만, 저는 그 넓은 은혜에 누만 끼치고 나라에는 도움이 되지도 못했습니다. 예전에 몸을 삼가지 못하여 고향에 물러나 있을 적에 비록 엷은 이슬은 거의 다하였지만 요행히 남은 물방울이 있어 감히 해와 달의 밝음을 기뻐하며 다시 술독에 갇힌 초파리의 신세에서 벗어날 수 있었습니다. 그러나 그릇이 가득 차면 뒤집어지는 것이 만물의 변함없는 이치입니다. 이제 저는 소갈병에 걸려 목숨이 물거품과 같사오니, 한 번 말씀을 내리시어 저로 하여금 물러나 여생을 지키게 해 주시옵소서."

12_ 상동(湘東): 중국 고대의 지명. 현재의 호남성(湖南省) 형양시(衡陽市).
13_ 평씨(萍氏): 고대 주나라의 관제(官制)에서 강물의 흐름을 관리하는 일을 맡은 벼슬의 일종이다. 강의 흐름을 방해하는 부평초(浮萍草) 등을 제거해야 하였기에 이런 이름이 붙었다. 평씨는 한편으로 물의 범람을 막는 제사 등에서 쓸 술을 관리하는 일과, 백성들이 술을 과음하지 않도록 계도하는 일도 맡았다.

그러나 임금은 허락하지 않고 내시를 보내어 소나무와 계수
나무, 창포(菖蒲) 등의 약재를 전해 주고 병을 구완하게 하였다.
그렇지만 누룩 선생이 여러 번 상소를 올려 굳이 사직하니 임금
도 어쩔 수 없이 허락하여, 그는 마침내 고향으로 돌아가 노년을
보내다가 수명을 마쳤다.

누룩 선생의 아우 약주(藥酒)는 봉급을 이천 석(石)이나 받
는 벼슬을 지낸 바 있다. 한편, 누룩 선생의 다른 아들들인 색깔
술·두 번 거른 술·동동주·과일주 등은 복숭아 꽃물을 마시고 신
선술을 배웠으며, 집안 조카들인 주(酎: 술의 이름)와 탐(醰: 술
의 이름인 듯함), 곰팡이술은 평씨(萍氏)13_ 가문에 입적되었다.

이 글을 쓰고 있는 역사 서술자는 누룩 선생에 대해 이렇게
평가한다.

"누룩 씨는 대대로 농사를 지으며 살아왔다. 누룩 선생 맑은
술은 순수한 덕성과 맑은 재주로 임금의 심복이 되어 국정(國政)
을 돕고 임금의 마음을 흐뭇하게 하여 거의 태평을 이루었으니
그 공이 성대하다. 한편으로 너무나 큰 총애를 받아 나라의 기강
을 어지럽혔으니 그 자손들이 화를 입었다 해도 유감은 없을 것
이다. 그러나 노년에는 만족을 알고 스스로 물러나 수명을 마칠
수 있었다. 『주역』(周易)에 '일의 기미를 보아 떠난다'라고 하였
는데, 누룩 선생은 이 말을 거의 이루었다 하겠다."

곡식을 발효시켜 술을 만드는 과정과 술이 인간사에 끼치는 영향을 술을 의인화한 존
재인 '누룩 선생'의 일생을 통해 얘기하고 있다. 결론은 '술이 과하면 좋지 않다'는 것
에 가깝다.

질항아리에게 배운다

나에게 질항아리 하나가 있는데, 여기에 술을 담아 두면 맛이 변하지 않아 보물처럼 아낀다. 그런데 질항아리가 나에게 가르쳐 주는 것이 있으니, 글을 지어 내 마음을 표현해 본다.

나에게 자그마한 항아리 하나가 있으니, 쇠를 두들기거나 녹여서 만든 것이 아니요, 흙을 빚어 불에 구워 만든 것이다. 목은 잘록하고 배는 불룩하며 주둥이는 나팔처럼 생겼으며, 양쪽 손잡이가 달려 있지 않고, 아가리는 넓은 편이다. 닦아서 윤을 내지 않아도 마치 옻칠한 것처럼 까맣게 반짝거리니 어찌 금 그릇만 보물이라 하겠는가? 비록 질그릇이라 할지라도 봐 줄 만하다. 무게도 맞춤하여 한 손에 들기 알맞으며, 값도 매우 싸서 구하기 쉬우니 깨질까 봐 걱정할 일 없다.

이 항아리에 술을 부으면 채 한 말이 못 들어간다. 항아리는 술을 가득 채웠다가는 곧 비워 버리고, 텅 비면 또다시 술을 받아들인다. 진흙을 잘 구워서 빈틈없이 만든 것이라 스며들지도 새지도 않으며, 주둥이가 널찍하니 진한 술을 부었다 따라 냈다 하기에 좋다. 술을 쉽게 따라 낼 수 있으니 기울어지거나 뒤엎는 일이 없고, 술을 부어 두기 좋으니 계속하여 술을 담아 둘 수 있다. 항아리가 한평생 동안 담은 술을 따져 본다면 몇 섬이나 되는지 셀 수도 없으리라. 그러니 항아리의 넓은 속은 마치 군자(君子)의 겸허(謙虛)한 마음과 같아, 항상 변함없고 간사스럽지 않은 것이다.

슬프다. 재물만 쫓아다니는 저 소인(小人)들은, 자기들의 그릇이 작은 건 알지 못하고 좁디좁은 도량으로 끝도 없는 욕심을 따라 치달린다. 쌓아 두기만 하고 남에게 흩어 줄 줄은 모르며, 아직도 부족하다고만 한다. 작은 그릇은 금세 채워지고 또 그만큼 금방 뒤엎어지는 법이다.

나는 이 항아리를 늘 곁에 두고 가득 차면 넘치게 된다는 것을 잊지 않으며 스스로 노력하겠다. 그렇게 타고난 분수 따라 한평생을 보내면 몸도 온전하고 복도 제대로 받을 것이다.

주변의 사소한 사물도 그의 눈을 통해서 보면 깊은 의미로 가득 차 있는 것 같다.

술병에 남긴 말

술병아, 술병아! 너에게 술 두 말을 담는다. 기울여 마시고 또 담아 두니 언제인들 취하지 못하겠는가. 너는 나의 몸을 우뚝하게 하고 나의 마음을 확 트이게 하는구나. 때로는 춤을 추고 때로는 노래하니 모두 네가 시킨 것이다. 내가 너를 따라다니는 것은 다만 네가 바닥나지 않기 때문이다.

이규보가 어째서 그토록 술을 사랑하였는지 이 글에 잘 나타나 있다.

책상과 나

내 피곤한 몸 받쳐 준 건 너이고, 네 절름거리는 다리 고쳐 준 건 나이다. 같이 병들어 서로 도우니 누가 더 공이 있다 하겠나.

공부하는 사람에게 책상의 의미는 각별하다. 오랫동안 써서 정든 책상에게 이보다 더 다정한 말을 할 수 있을까.

조그만 벼루

벼루야, 벼루야. 네가 조그만 건 부끄러워할 일 아니란다.

너는 비록 한 치의 오목한 돌이지만 내 끝없는 생각을 쏟아내게 해 준단다.

나는 비록 육 척의 키 큰 사람이지만 모든 일을 네 힘을 빌려 이뤄내지 않니.

벼루야, 너는 나와 함께 돌아가, 살아도 죽어도 같이하자꾸나.

무한한 생각을 표현할 수 있도록 도와주는 작은 벼루에 대한 고마움이 정감 있게 나타나 있다.

해설

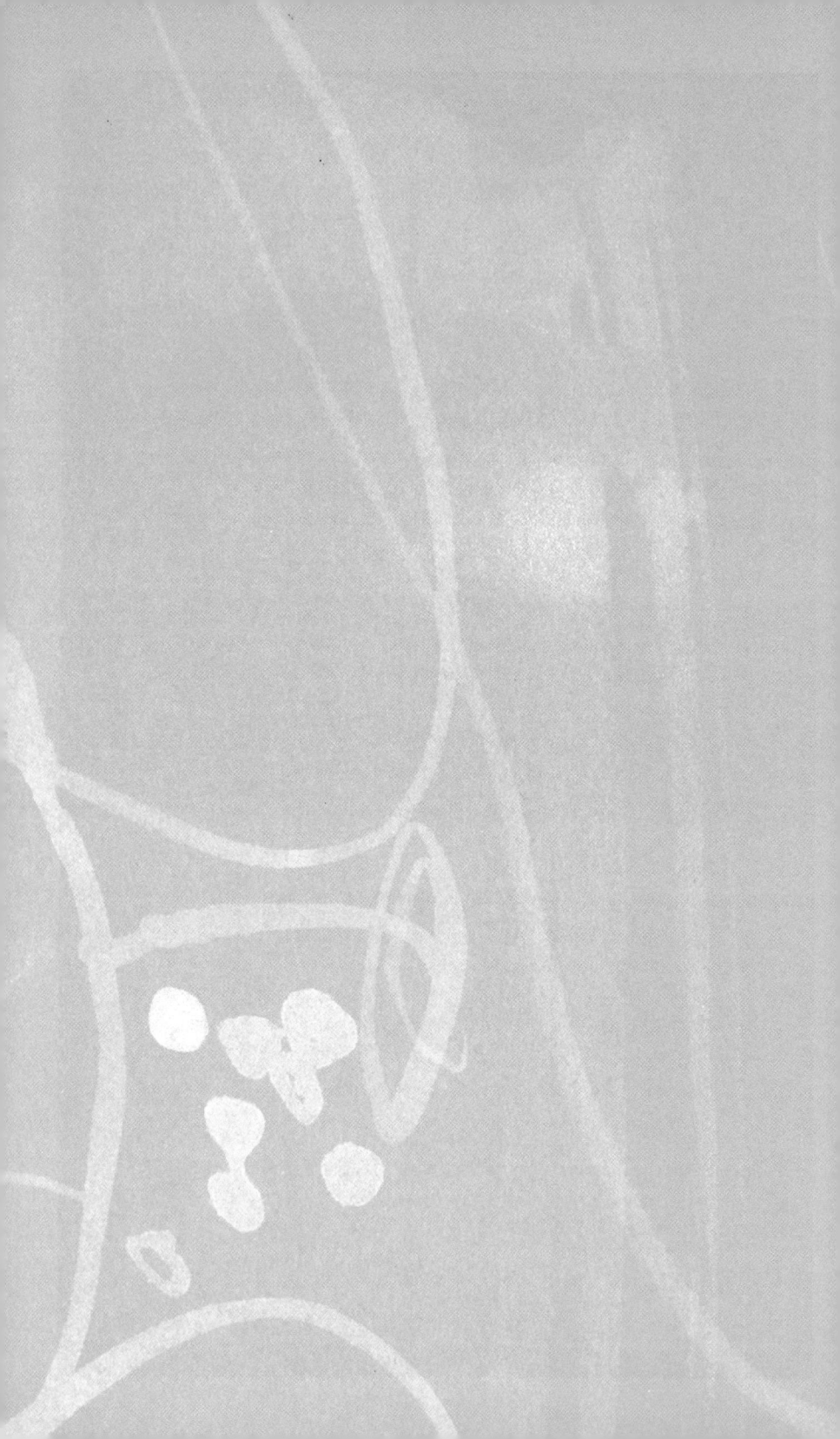

흰구름의 시인(詩人) 이규보

이규보(李奎報) 혹은 백운거사(白雲居士)

이규보(李奎報, 1168~1241)는 민족서사시 「동명왕편」(東明王篇)으로 널리 알려진 고려 시대의 시인이다. 그는 황려(黃驪: 지금의 경기도 여주) 사람으로, 자(字)는 춘경(春卿)이며 호(號)는 백운거사(白雲居士)이다.

그의 이름은 처음에는 '규보'가 아니라 '인저'(仁氐)였다고 한다. 그런데 스물두 살 되던 해에 이상한 꿈을 꾸고 이름을 바꾸게 된다. 그 무렵 그는 여러 차례 과거 시험에 응시했다가 낙방한 뒤 다시 한 번 시험을 보려고 하던 참이었는데, 어느 날 밤 꿈속에서 검은 베옷을 입은 촌로(村老)들이 마루에 모여 앉아 술을 마시는 광경을 보게 된다. 이들은 바로 28수(宿: 별자리)의 정령들이었다. 이인저가 그들에게 자신이 올해 과거에 합격할 수 있을지 묻자, 그 가운데 있던 규성(奎星: 28수의 하나로 안드로메다 자리에 해당. 문예의 운명을 담당하는 별자리)의 정령이 이렇게 말했다 한다.

"자네는 꼭 장원급제할 걸세. 다만 이는 천기(天機)인 만큼,

절대 누설하지 말게."

규성(奎星)이 운명을 알려 주었다는 데서 이름을 '규보'(奎報)로 바꾼 그는, 그해 과거에 응시하여 과연 일등으로 합격했다 한다. 이런 사연을 가진 '규보'라는 이름은 하늘이 내린 운명적인 시인으로서의 그의 정체성을 드러내 주는 것이라 하겠다.

한편, 이규보는 스물네 살 되던 해에 부친상을 당하여 개성 북쪽 근방의 천마산(天磨山: 북산이라고도 함)에 들어가 한동안 지내게 된다. 그는 내키는 대로 술을 마시고 자유분방하게 노니는 습성 탓에, 과거에 급제한 뒤에도 벼슬아치들에게 밉보여 이렇다 할 자리를 얻지 못하고 신산(辛酸)한 시절을 보내고 있었다. 불우한 처지에 아버지까지 잃은 그에게 천마산의 아름다운 자연은 큰 정신적 위안을 주었던 것 같다. 이규보는 천마산의 아름다움과 그 안에서 느끼는 충만함, 마음의 평온에 대해 여러 차례 읊었다.

또한, 그가 백운거사(白雲居士)라는 호를 스스로 지은 것도 이 무렵이다. 이 호는 무심히 천마산 등성이의 구름을 바라보는 그의 모습을 떠올리게 한다. 그는 '뭉게뭉게 피어나 한가롭게 떠다니고, 산에도 머물지 않고 하늘에도 얽매이지 않으며, 비를 내려 메마른 초목을 살리며, 변함없이 순수한 빛깔을 지닌' 흰 구름이 좋아 이런 호를 붙이게 되었다고「백운거사 어록」(白雲居士語

錄)에서 말하고 있는데, 이 '흰 구름'이야말로 자유롭고 거침없는 상상력과 타자(他者)에 대한 꾸밈없는 연민을 지닌 이규보의 정신세계를 표현하기에 가장 적당한 형상이라 할 수 있을 것이다.

이처럼 자유로운 정신의 소유자인 이규보는 32세가 되어서야 비로소 벼슬길로 들어서게 되었고, 이후 50세가 될 때까지 지방과 중앙 관청에서 하급 벼슬아치로서의 삶을 살게 된다. 자신의 포부에 맞지 않는 벼슬살이와, 가족을 먹여 살리는 것조차 어렵게 하는 가난에 시달리며, 그는 끊임없이 시를 써 마음과 같지 않은 스스로의 모습을 자조하기도 했고, 고통스런 심사를 토로하는 것으로 위안을 삼기도 했다.

이규보가 관직에 나아가 있던 때는 일반적으로 무신 정권기로 알려져 있는 시기인데, 당시 정권을 잡고 있던 최충헌(崔忠獻)과 그 아들인 최우(崔瑀)는 평소 이규보의 문학적 재능을 눈여겨보고 있었다. 특히 최우는 이규보의 재능에 깊이 감복하고 있었던바, 정권을 잡자마자 이규보를 높은 벼슬로 발탁하였고, 이규보는 이때부터 노년기까지 비교적 순조로운 벼슬살이를 하게 된다. 재상의 지위에 오르게 된 것도 이 시기이다.

이규보가 65세 되던 해, 최우의 정권은 원나라의 침략에 맞서 장기적인 항전을 계획하고 강화로 천도하게 되었는데, 이규보 역시 이때 강화로 옮겨 와 십 년간 머물다 74세에 세상을 떠나 이곳에 묻히게 된다. 그가 세상을 떠나던 해의 첫날에 쓴 시 「새해 아침에」에는 곡절 많은 삶을 살아오며 그가 지켜 온 따뜻하고 평화로운 마음과 삶에 대한 대긍정이 담겨 있어 본성을 오롯이 보존한 채 떠나는 그의 마지막 모습을 그려 볼 수 있게 한다.

다만 즐거운 일은, 바람과 날씨가 따뜻해져
하늘에 좋은 기운 가득 차고
풀과 나무들 꽃마음을 머금으며
지저귀는 새들 포근한 햇빛에 노니는 것.

올해엔 시(詩)를 얼마나 지을 것이며
술은 또 몇 잔이나 마시게 될까.
죽고 사는 일도 알 바 아니거늘
자질구레한 일이야 헤아려 무엇 하리.

허심(虛心)과 자아, 그리고 타자

'타고나길 서툴고 솔직하다 보니' 이리저리 사람과 부딪치며 고생스럽게 염량세태(炎涼世態)를 경험하고, 구복(口腹)을 위해 마음 같지 않은 곳에 몸을 담고 분주히 몸을 놀리고 있다는 이규보의 모습은 오늘날을 사는 우리와 마찬가지이다. 그렇기에 "하루에 먹으면 얼마나 먹는다고, 먹고사는 것 때문에 이 생활을 버리지 못하고 그토록 그리워하는 푸른 산으로 떠나지 못하는구나"라는 그의 탄식은 깊은 공감을 자아낸다. 또한 '대지도 내 발을 받칠 수 없고 / 태산도 내 가슴 삼킬 수 없네. / 훨훨 털고 세상 밖으로 벗어나야지 / 세상 안은 모두 수레로 갈 수 있는 곳'이라는 그의 취한 목소리에는 세상에 대한 답답한 심사가 금방이라도 터져 나올 듯 절박하게 나타나 있다.

그러나 세상은 내 마음대로 따라오는 것이 아니고, 누구든 맘에 들지 않는 이곳을 언제든 박차고 떠날 수 있는 게 아니다. 이규보 역시 자신을 얽어맨 세상의 끈을 함부로 자르고 벗어나지 않았다. 그는 오히려 삶을 긍정하며 유쾌하게 평생을 살아간 사람이다.

그런데 이규보가 자신의 삶을 지키며 세상을 살아간 방식은 퍽 일관되어 있다. 일찍이 그는 「봄의 단상」이라는 글에서 '즐거워할 일이면 즐거워하고, 슬퍼할 일이면 슬퍼할 것이다. 닥쳐오는 상황을 마주하고 변화하는 조짐을 순순히 따르며 나를 둘러싼 세상과 더불어 움직여 가는 것이다'라고 하여 완고하게 자기 자신을 지키기보다는 유연하게 세상의 흐름을 타고 흘러간다는 자신의 처세관을 드러낸 적이 있다. 이러한 생각은 「조물주에게 묻다」라는 글에서도 반복·변주되고 있는데, 그는 조물주의 입을 빌려 이렇게 말하고 있다.

세상의 이치를 깨친 사람은 이로운 일이 다가오면 오는 대로 받으며 구차히 기뻐하지 않고, 해로운 일이 다가와도 오는 대로 맞닥뜨리며 구차히 싫어하지 않는다네. 텅 빈 마음[虛心]으로 만물을 만나니 어떤 것도 그에게 상처를 입히지 못하는 거지.

이 말을 통해 이규보가 세상을 대하는 방식이 좀 더 명확히 드러나고 있는바, 그것은 세상의 흐름을 추수(追隨)한다는 것이 아니라 만물을 텅 빈 마음, 즉 허심(虛心)으로 대한다는 것이다. 이는 아마도 애초에는 자신의 욕망을 비우고 마음 같지 않은 세상사를 견뎌 나가기 위해 마련된 처세 수단이었을 터이나, 결국 이 허심은 자신의 존재를 지우고 시류(時流)에 떠내려가지도 않고, 흐름에 맞서 자신을 고집하지도 않으면서 스스로를 가장 자연스럽게 구현할 수 있는 마음의 경지를 이루게 해 준다.
그의 허심을 이해하기 위해서는 먼저 「잊혀지는 것」이라는 시를 살펴볼 필요가 있다.

세상 사람 모두 나를 잊어버리니
세상 속 이 한 몸 덩그러니.
어찌 남들만 나를 잊겠나
형제도 나를 잊는 것을.
오늘은 아내가 나를 잊고
내일은 내가 나를 잊을 테지.
이런 뒤엔 온 천지 안에
친한 이도 서먹한 이도 없으리.

언뜻 보면 이 시는 세상에서 잊혀져 홀로 남게 된 쓸쓸한 처지를 읊고 있는 것 같은데, 다 읽고 나면 이상하게도 자유롭고 평온하여 충만한 마음이 된다. 이 시에서는 '나를 잊는다'〔忘我〕라는 말이 점층적으로 반복되고 있으나, 그 과정 속에서 나의 존재는 엷게 퍼져 온 우주를 채우는 기운(氣運)이 된 것처럼 느껴진다. 어째서일까?

먼저, 세상 사람들이 모두 나를 잊었는데, 내 존재는 지워지지 않고 오히려 드넓은 세상 속에 오뚝하게 홀로 서 있다. 이는 '잊혀짐'의 과정이 비본질적인 '나'를 지우고 참된 자아를 찾아가는 것임을 짐작하게 한다.

'나'는 조그만 '나'의 경계에 갇히고 어지러운 관계 속에 얽매인 채로 살아가고 있었으나, 세상 사람들이 잊어 줌으로써 우선 관계로부터 자유로운 몸이 된다. 다음으로 형제나 아내에게 잊혀져 혈연과 애착으로 얽힌 관계로부터 해방되면서, '나'는 좀더 자유롭고 진정한 자아의 단계로 나아간다. 그리고 마지막으로 내가 '나'를 잊게 됨에 따라 '나'는 '나'라는 조그만 경계조차 허물고 드넓은 우주를 자유롭게 유영하는 존재가 된다.

외물(外物)의 구속을 받지 않게 된 이후라야 참된 '나'라 할 수 있는바, 이때 '나'는 비로소 참된 '나'에 이르며 지금껏 소거된 것처럼 보였던 관계들 역시 나와 타자를 평등하게 연결하는 진정한 관계로서 재정립되기에 이른다.

이 시에서 '나를 잊는다'는 말은 앞에서 언급한 허심과도 결국 일맥상통하는 것인바, 「잊혀지는 것」이라는 이 짧은 시는 허심에 도달하는 과정을 명료히 보여 주고 있다 하겠다.

위에서 살펴본 바와 같이 이규보의 허심은 진정한 자아로 나아가고 타자와의 이상적인 관계를 정립하는 데 특별한 작용을 하고 있다.

먼저, '나를 잊는다'라는 망아(忘我)의 과정이 개입함에 따라 이규보는 마치 남을 보듯 자신을 객관적으로 응시하게 된다. 그래서인지 이규보에게는 스스로를 대상으로 한 시가 꽤 많은 편이다.

하얀 수염에 왜소한 늙은이가
언제나 두건은 비스듬히 쓰네.
말없이 앉아 말갛게 바라보니
남들이 모두 괴물로 보네.
이 보잘것없고 조그만 몸속에
천지를 품을 수 있단 걸 알지 못하지.

―「우두커니 앉은 내 모습」 중에

야윈 어깨는 우뚝하고 헌칠한데
시든 머리칼은 짧고 듬성하다.
누가 네게 홀로 곧으라 하여
세태 따라 처신하지 못하게 했나.

―「자조」 중에

왜소하고 보잘것없는 외모에 강직한 처신으로 세상에 어울리지 못하고, 천지를 품을 정도의 광활한 내면을 감추고 무심한 듯 세상을 멀거니 바라보아 남들에게 괴물 취급을 받는 사람. 이규보는 이처럼 자조적으로 자기 형상을 그려 내고 있다. 그런데 그가 그려 낸 또렷한 자화상에서 자조적인 말투는 서술자와 형상화 대상 사이의 심적(心的) 거리를 확보하며 그 형상에 객관성을 부여한다. 이는 결국 자아에 집착하지 않는 허심에서 비롯되었다 할 것이다.

다음으로, 이규보의 허심이 타자와의 관계에서 어떤 역할을 하고 있는지 살펴보도록 하자. 그가 허심으로 만물을 대한다고 할 때, 그것이 만물을 무심하고 냉정하게 대한다는 것을 의미하는 것은 결코 아니다. 앞에서 형제에게서도 아내에게서도 잊혀진다는 시를 살펴본 사람들은 그가 가족에게 무심하고 세상사에 초연한 태도를 견지했을 것이라 생각할 수도 있겠으나, 사실 그는 아이들에게는 사랑이 넘치는 아버지였고 아내에게는 다정하고 사려 깊은 남편이었다. 일례로, 이규보의 시에서 그의 아내는 남편과 마주 앉아 다정히 술잔을 나누기도 하고, 과음하는 남편에게 잔소리를 하기도 하며, 양식이 떨어지자 손수 지은 남편의 옷을 어쩔 수 없이 전당포에 맡기면서 물정 모르는 남편에게 볼멘소리를 하기도 하는 등 퍽 생동감 있는 형상으로 그려지고 있는바, 이는 그가 아내에게 무심했다기보다는 오히려 각별했음을 짐작하게 한다. 이런 견지에서 본다면 그가 가족에게서 잊혀진다고 말했을 때 그 마음은 관습적으로 틀 지워진 가족 관계로부터 자유로워져 꾸밈없는 애정으로 아내와 자식을 대하게 되는 데 가까운 것이 아닐까 싶다.

이규보는 허심을 통해 스스로를 비우고, 자신을 둘러싼 모든 타자와 자기 자신을 존재 대 존재로 평등하게 볼 수 있는 시각을 갖게 된다. 즉, 만물이 자신을 위해 존재하는 것이 아니라 자신과 더불어 똑같은 처지에서 우주를 구성하고 있다는 인식에 이른 것이다.

그리하여 이규보는 주변의 생명 있는 것과 생명 없는 것을 모두 따스한 시선으로 보며 자신과 동등한 관계를 구성하는 타자로 인식하고 있는데, 그가 이러한 인식에 이르게 된 것은 마음을 비움으로써 만물에 대한 이해와 수용의 폭이 넓어졌기 때문으로 여겨진다.

이규보는 「북산잡제」(北山雜題)라는 시에서 "나는 욕심을 잊은 사람 / 만물을 모두 동류(同類)로 보네"라고 읊은 바 있다. 이는 자신의 세계를 구성하는 크고 작은 존재들을 평등한 시선으로 바라보며 자신의 이웃과 친구로 받아들이는 그의 마음자리를 가장 명료히 보여 주는 말이라 할 것이다.

이규보 연보

작품 원제

찾아보기

이규보 연보

1168년	— 12월 16일 호부낭중(戶部郎中)을 지낸 이윤수(李允綬)와 김중권(金仲權)의 딸 김씨 사이에서 태어났다. 처음 이름은 인저(仁氐), 자(字)는 춘경(春卿)이다.
1170년, 3세	— 8월에 무신의 난(亂)이 일어났다.
1178년, 11세	— '붓학사는 언제나 종이 길을 다니고 / 술선생은 변함없이 술잔 속에 있구나'(紙路長行毛學士, 盃心常在麴先生)라는 시를 지어 주위 어른들의 칭찬을 받았다.
1183년, 16세	— 사마시(司馬試)에 응시했으나 합격하지 못했다. 아버지가 부임해 계신 수주(水州: 수원)로 내려가 지냈다.
1185년, 18세	— 35년이나 연상인 오세재(吳世才)와 망년지교(忘年之交)를 맺다.
1187년, 20세	— 사마시(司馬試)에 응시했으나 합격하지 못했다. 몇 년 동안 내키는 대로 놀면서 시 짓기만 즐기고 시험 준비는 전혀 하지 않았기에 그렇게 된 것이다.
1189년, 22세	— 사마시(司馬試)에 응시하여 1등으로 합격했다. 시험을 보기 전 규성(奎星: 시인의 운명을 주관하는 별)이 자신의 합격을 예언하는 꿈을 꾸고 이름을 '규보'(奎報)로 바꾸었다.
1191년, 24세	— 8월에 아버지가 돌아가셨다. 개성 북쪽의 천마산(天磨山: 북산北山이라고도 함)에서 지내면서 스스로 '백운거사'(白雲居士)라는 호(號)를 지었다.
1192년, 25세	— 「백운거사 어록」과 「백운거사는 누구인가」를 썼다.
1193년, 26세	— 『구삼국사』(舊三國史)를 읽은 후 「동명왕의 노래」를 썼다. 「맘에 맞는 일」, 「동산에서 매미 소리를 듣다」, 「소를 매질하지 마라」를 썼다.
1194년, 27세	— 「조그만 정원을 손질하며」를 썼다.
1195년, 28세	— 아들 관(灌: 자는 삼백三百)이 태어났다. 「어린 딸의 죽음 앞에」를 썼다.
1196년, 29세	— 4월에 최충헌이 이의민을 죽이고 정권을 장악했다. 이규보는 개성을 떠나 황려(黃驪: 여주)와 상주(尙州)를 오가며 지방사회의 현실을 목도하게 된다. 「길을 가다 멈춰 서서」, 「본래 구

	름과 물을 사랑하니」,「낙동강을 지나며」,「아이들이 보고 싶어」,「객사에서」,「집 생각」을 썼다.
1198년, 31세	—「객사에 오두마니 앉아」,「눈 위에 쓴 이름」,「백로 그림을 보고」,「비 오는 날의 낮잠」,「우연히 읊조리다」,「먼 산의 푸른 빛」을 썼다.
1199년, 32세	— 당시 권력자였던 최충헌의 초대를 받아 그의 집 정원에 핀 석류꽃을 읊은 시를 썼다. 최충헌은 이규보의 재능에 탄복하여 그를 등용하려는 마음을 먹게 된다. 가을에 사록(司錄) 벼슬을 받아 전주(全州)에 부임하였다.
1200년, 33세	— 동료 벼슬아치의 모함으로 파직당해 전주를 떠나게 되었다. 「원님 노릇 즐겁다 마오」,「자조」,「검은 고양이」를 썼다.
1201년, 34세	—「가랑비 지나고」,「가난하니 빨리 늙는 게 좋고」를 썼다.
1206년, 39세	—「가죽옷을 전당포에 맡기고」,「늙은 과부의 한숨」,「북악에 올라」를 썼다.
1207년, 40세	— 한림원(翰林院) 직한림(直翰林) 벼슬을 받게 되었다.
1212년, 45세	—「시 원고를 불태우고」,「장터의 은자」를 썼다.
1213년, 46세	— 최충헌의 아들 최우가 베푼 잔치에 초대받았다. 이때 최우는 이규보가 쓴 즉흥시에 감격하여 그의 벼슬을 올려 주었다. 「거울을 보며」를 썼다.
1219년, 52세	— 최우와 함께 탄핵을 당하였다. 최우는 용서를 받았으나 이규보는 파직되었다. 외직(外職)인 계양도호부 부사 병마금할(桂陽都護府 副使 兵馬鈐轄)로 좌천되어 계양으로 부임하였다.「마을 노인에게」를 썼다.
1220년, 53세	— 승진하여 개경(開京)으로 돌아오게 된다. 최충헌이 죽고 최우가 정권을 잡자 그가 불러들인 것이었다. 이후 몇 년간 순탄한 벼슬살이를 하게 된다.「알밤 예찬」,「철쭉 지팡이」를 썼다.
1232년, 65세	— 고려 조정은 몽고의 침략에 맞서 장기적인 항전을 계획하고 강화도로 천도하였다. 이때 이규보도 강화 하음(河陰)으로 옮겨 와 거처하며 태자태보(太子太保: 동궁東宮의 종1품 벼

	슬) 등을 역임하였다. 늙고 병들었다는 이유로 여러 차례 물러나고자 했으나 그때마다 최우가 만류했다.
1236년, 69세	—「대머리 노인」을 썼다.
1237년, 70세	—「조물주에게」,「시벽」,「말의 죽음」,「깨진 벼루」를 썼다.
1241년, 74세	—「새해 아침에」,「우두커니 앉은 내 모습」,「네놈들은 입이 몇 개기에」를 썼다.

7월에 병이 심해졌다. 최우는 의원들을 보내 보살피게 하는 한편으로 이규보의 시문을 대규모의 문집으로 엮어 그를 위로하고자 했다.

8월 29일에「눈병으로 시를 짓지 못하다」를 썼다.

9월 2일에 잠든 듯 세상을 떠났다.

12월 6일 강화도 진강산(鎭江山) 동쪽 기슭에 묻혔다. 지금의 인천 강화군 길상면 길직리다. 몹시 작은 묘비에는 다만 '고려 이상국 문순공 하음백 규보지묘'(高麗 李相國 文順公 河陰伯 奎報之墓)라는 열다섯 글자만 새겨져 있어 극히 검소했던 고인의 풍모를 떠올리게 한다.

작품 원제

비 오는 날의 낮잠

- 맘에 맞는 일 —— 적의(適意) 021p
- 죽부인 —— 죽부인(竹夫人) 022p
- 비 오는 날의 낮잠 —— 초당우중수(草堂雨中睡) 023p
- 우연히 읊조리다 —— 우음(偶吟) 025p
- 가난하니 빨리 늙는 게 좋고 —— 우차신임초옥시운(又次新賃草屋詩韻) 026p
- 오늘이 가면 —— 음주유작시좌객(飮酒有作示坐客) 029p
- 고마운 선물 —— 사문선로혜미여면(謝文禪老惠米與綿) 030p
- 가죽 옷을 전당포에 맡기고 —— 전의유감시최군종번(典衣有感示崔君宗藩) 032p
- 책상 위의 세 친구 —— 안중삼영(案中三詠) 036p
- 알밤 예찬 —— 율시(栗詩) 040p
- 철쭉 지팡이 —— 명일부이사수기지개대권군(明日復以四首寄之皆代權君) 042p
- 어느 날 우리 집 —— 초당즉사(草堂卽事) 044p
- 치통 —— 우치통(又齒痛) 045p
- 깨진 벼루 —— 연파(硯破) 047p
- 몽당붓 —— 희제구필(戱題舊筆) 048p

아이들이 보고 싶어

- 먼 데 있는 벗에게 —— 억오덕전(憶吳德全) 051p
- 술꾼의 아내 —— 일일불음희작(一日不飮戱作) 052p
- 저문 봄 강가에서 —— 모춘강상송인후유감(暮春江上送人後有感) 054p
- 어린 아들이 술을 마시다니 —— 아삼백음주(兒三百飮酒) 055p
- 친구의 부채 선물 —— 사인혜선(謝人惠扇) 056p
- 어린 딸의 죽음 앞에 —— 도소녀(悼小女) 057p
- 아이들이 보고 싶어 —— 억이아(憶二兒) 059p
- 집 생각 —— 사가(思家) 062p
- 눈 위에 쓴 이름 —— 설중방우인불우(雪中訪友人不遇) 063p
- 한계사의 노스님에게 —— 방한계주노각사려우용참료자시운증지(訪寒溪住老覺師旅

寓用參寥子詩韻贈之) 064p
· 오랜만에 만난 벗에게 —— 유월십칠일방김선달철용백공시운부지(六月十七日訪金先
達轍用白公詩韻賦之) 065p

시 원고를 불태우고

· 잊혀지는 것 —— 영망(詠忘) 069p
· 줄 없는 거문고 —— 소금(素琴) 070p
· 백로 그림을 보고 —— 박군현구가부쌍로도(朴君玄球家賦雙鷺圖) 071p
· 대지도 내 발을 받칠 수 없고 —— 대취주필시동고자(大醉走筆示東皐子) 073p
· 자조 —— 자조(自嘲) 075p
· 북악에 올라 —— 등북악망도성(登北岳望都城) 076p
· 거울을 보며 —— 남경증량교감(覽鏡贈梁校勘) 077p
· 장터의 은자 —— 차운진한림제묘정자대은루재시변(次韻陳翰林題苗正字大隱樓在市
邊) 078p
· 시(詩) 원고를 불태우고 —— 분고(焚藁) 079p
· 대머리 노인 —— 두동자조(頭童自嘲) 080p
· 나의 거문고는 곡조가 없어 —— 금명(琴銘) 082p
· 조물주에게 —— 병중 정유구월(病中丁酉九月) 083p
· 시벽 —— 시벽(詩癖) 085p
· 병상의 다섯 노래 —— 병중오절(病中五絶) 087p
· 바람 빠진 공 —— 우견기구인우의(偶見氣毬因寓意) 089p
· 새해 아침에 —— 신축정단(辛丑正旦) 090p
· 우두커니 앉은 내 모습 —— 올좌자상(兀坐自狀) 092p
· 눈병으로 시를 짓지 못하다 —— 칠월팔월인환안부작시(七月八月因患眼不作詩)
094p

소를 매질하지 마라

· 소를 매질하지 마라 —— 막태우행(莫笞牛行) 097p

- 원님 노릇 즐겁다 마오 ── 막도위주락(莫導爲州樂) 099p
- 검은 고양이 ── 득흑묘아(得黑貓兒) 102p
- 늙은 과부의 한숨 ── 상구탄(孀嫗嘆) 104p
- 마을 노인에게 ── 태수시부로(太守示父老) 106p
- 쥐를 놓아주며 ── 방서(放鼠) 107p
- 꿀벌 ── 밀봉찬(蜜蜂贊) 108p
- 농부의 말 ── 대농부음(代農夫吟) 109p
- 농부에게 쌀밥과 청주를 허(許)하라 ── 문국령금농향청주백반(聞國令禁農餉清酒白飯) 110p
- 햅쌀의 노래 ── 신곡행(新穀行) 113p
- 말의 죽음 ── 십이월십이일마폐상지유작(十二月十二日馬斃傷之有作) 114p
- 이 잡는 재상 ── 문슬(捫蝨) 116p
- 쇠고기를 어이 먹으리 ── 단우육(斷牛肉) 118p
- 네놈들은 입이 몇 개기에 ── 문군수수인이장피죄(聞郡守數人以贓被罪) 119p

본래 구름과 물을 사랑하니

- 동산에서 매미 소리를 듣다 ── 원중문선(園中聞蟬) 123p
- 초가을 새벽에 ── 칠월십일효음유감시동고자(七月十日曉吟有感示東皐子) 124p
- 객사에서 ── 여사유감차고인운(旅舍有感次古人韻) 126p
- 낙동강을 지나며 ── 행과낙동강(行過洛東江) 127p
- 길을 가다 멈춰 서서 ── 게시후관(憩施厚館) 128p
- 본래 구름과 물을 사랑하니 ── 팔월삼일(八月三日) 130p
- 객사에 오두마니 앉아 ── 화괴거공관(和塊居空館) 131p
- 경복사 가는 길 ── 경복사로상작(景福寺路上作) 132p
- 먼 산의 푸른빛 ── 차운강남우인견기(次韻江南友人見寄) 133p
- 가랑비 지나고 ── 우차절구(又次絶句) 134p
- 바위틈 시냇물 ── 제석천(題石泉) 136p
- 긴 봄날 ── 절구(絶句) 137p
- 산을 나서며 ── 출산음(出山吟) 139p

동명왕의 노래

· 동명왕의 노래 —— 동명왕편(東明王篇) 143p

누가 과연 미친 사람인가

· 백운거사는 누구인가 —— 백운거사전(白雲居士傳) 161p
· 백운거사 어록 —— 백운거사 어록(白雲居士語錄) 162p
· 누가 과연 미친 사람인가 —— 광변(狂辨) 166p
· 실속 없는 유명세 —— 기명설(忌名說) 168p
· 과일나무 접붙이기 —— 접과기(接果記) 170p
· 온실을 반대한다 —— 괴토실설(壞土室說) 172p
· 집을 수리하고 나서 —— 이옥설(理屋說) 174p
· 조그만 정원을 손질하며 —— 초당리소원기(草堂理小園記) 176p
· 정직한 노극청 —— 노극청전(盧克淸傳) 179p
· 시루가 깨진다고 사람이 죽으랴 —— 두목전중렬사박(杜牧傳甑裂事駁) 181p
· 아버지를 그리며 —— 제부문(祭父文) 184p
· 아들의 관에 넣은 글 —— 상자법원광명(殤子法源壙銘) 185p

바위와의 대화

· 두려움에 관하여 —— 외부(畏賦) 189p
· 꿈에서 본 슬픔 —— 몽비부(夢悲賦) 197p
· 시(詩)의 귀신아, 떠나 다오 —— 구시마문(驅詩魔文) 200p
· 귀찮음 병 —— 용풍(慵諷) 206p
· 땅의 정령에게 묻다 —— 토령문(土靈問) 209p
· 조물주에게 묻다 —— 문조물(問造物) 212p
· 봄의 단상 —— 춘망부(春望賦) 215p
· 이상한 관상쟁이 —— 이상자대(異相者對) 218p

- 뇌물 권하는 사회 —— 주뢰설(舟賂說) 223p
- 바위와의 대화 —— 답석문(答石問) 224p

매미를 놓아주다

- 이(蝨)와 개에 관한 명상 —— 슬견설(蝨犬說) 229p
- 매미를 놓아주다 —— 방선부(放蟬賦) 231p
- 바둑이는 들으라 —— 명반오문(命斑獒文) 233p
- 쥐를 저주한다 —— 주서문(呪鼠文) 236p
- 거북 선생의 일생 —— 청강사자현부전(清江使者玄夫傳) 238p
- 누룩 선생의 행복하고 괴로웠던 삶 —— 국선생전(麴先生傳) 244p
- 질항아리에게 배운다 —— 도앵부(陶罌賦) 250p
- 술병에 남긴 말 —— 주호명(酒壺銘) 252p
- 책상과 나 —— 속절족궤명(續折足几銘) 253p
- 조그만 벼루 —— 소연명(小硯銘) 254p

찾아보기

ㄱ

가시나무 190
갈매기 124
강충(江充) 210
개 229, 236
개경(開京) 184
개미 76, 229
개암 40
거문고 21, 26, 70, 82, 100, 137, 161, 163, 197
거미 231
거북 130, 222, 238
거울 77
계수나무 197
고니 144
고슴도치 41
고양이 102, 236
고적(高適) 79
곤륜산 225
곤오(昆吾) 238
골령(鶻嶺) 154
곰 193, 212
공자(孔子) 116, 181, 209, 242
곽자의(郭子儀) 209
관부(灌夫) 195
광무제(光武帝) 156
괴물 92
구름 25, 51, 64, 65, 130, 154, 164, 193, 201, 217, 242
구양수(歐陽脩) 162

국화 62
귀뚜라미 85, 104
규공선사(規公禪師) 185
금와왕(金蛙王) 149
까마귀 26
꾀꼬리 215
꿀벌 108
꿩 147, 181

ㄴ

나귀 190
나비 44, 232
낙동강 127
낙수(洛水) 146, 238
노극청(盧克淸) 179
노루 153
농부 109, 110, 112, 113
농사 27, 75, 109, 110, 113
늑대 212

ㄷ

단풍 104, 217, 126
달팽이 76, 230
닭 134, 236
대나무 22, 26, 38, 135
대추 40
도마뱀 132
도연명(陶淵明) → 도잠(陶潛)
도잠(陶潛) 25, 161, 162, 245
돌베개 177

동고자(東皐子) 162
돼지 189, 229, 236
두꺼비 173
두더지 119
두목(杜牧) 181
두보(杜甫) 118, 162, 202, 209
등나무 130
등에 212
띠풀 153

| ㅁ |

마누라 100
말 92, 114, 130, 216, 229, 236
매 147, 189
매미 44, 123, 231
맹분(孟賁) 193
메밀꽃 126
메추라기 230
『명종실록』(明宗實錄) 179
명협(蓂莢) 143
모기 212
묘지 73
무덤 172, 199
무소 222

| ㅂ |

바다거북 238
반호(槃瓠) 233
밤송이 40
배 41, 62

배나무 170
백거이(白居易) 61, 162
백낙천(白樂天) → 백거이(白居易)
백로 71
백운거사(白雲居士) 161, 163, 166, 206
백이(伯夷) 209
뱀 173, 189
버드나무 54, 215
버들 100, 123
버들개지 30, 54
버섯 126
벌 134, 222
범 102, 212
법원(法源) 185
벼 110
벼루 37, 38, 47, 102
벼룩 212
복비(宓妃) 146
복희씨(伏羲氏) 143
봉래산(蓬萊山) 73
부여 150
북산(北山) 184
북어 202
붓 48, 79
붕(鵬)새 230
비둘기 153, 215
비류왕(沸流王) 153
뽕나무 212
뽕잎 215

| ㅅ |

사령운(謝靈運) 27
사마귀 232
사명광객(四明狂客) 162
사미승(沙彌僧) 185
사사명(史思明) 210
사슴 102, 148, 153, 189
사자 189
살구꽃 216
살쾡이 189, 235
삼백 55, 60
삼재(三才) 213
삼혹호선생(三酷好先生) 163
생황(笙簧) 207, 216
『서경』(書經) 181
서막(徐邈) 244
서시(西施) 22
석창포(石菖蒲) 36
성성이 127
성왕(成王) 192
소 92, 97, 98, 118, 229, 236
소갈증(消渴症) 128
소나무 25, 82, 125, 127, 130, 132, 137
소호(少昊) 143
솔개 85
송기(宋祁) 181
송양(松讓) 154
쇠고기 118
수달 147, 189

수인씨(燧人氏) 143
승냥이 148, 212
『시경』(詩經) 195
시마(詩魔) 85
신농씨 143

| ㅇ |

아가위 41
아내 25, 32, 52, 57, 69, 179, 182
아쟁(牙箏) 207
안녹산(安祿山) 210
안회(顔回) 116, 209
알밤 40
앵무새 57
양기(梁冀) 210
양호(陽虎) 242
양홍(梁鴻) 52
엄체수(淹滯水) 152
여와(女媧) 143
여우 92, 199
여절(女節) 143
여추(女樞) 143
역이기(酈食其) 195
염소 229
예형(禰衡) 195
오덕전(吳德全) 168
오동 70
오룡(烏龍) 233
오류선생(五柳先生) → 도잠(陶潛)
오세문(吳世文) 55

오세재(吳世才)　51
오피(伍被)　195
온실　172
올방개　111
왕적(王績)　162
외물(外物)　83
외뿔소　189
요(堯)임금　143, 238
우(禹)임금　143
우발수(優渤水)　148
우주(宇宙)　70, 161, 213
움집　172
웅심연(熊心淵)　145
원결(元結)　64, 162
원숭이　28, 40, 198
원진(元稹)　61
유리(類利)　155
유영(劉伶)　245
유온(劉媼)　156
유우석(劉禹錫)　203, 209
유종원(柳宗元)　203, 209
유화(柳花)　146
육일거사(六一居士)　162
이　116, 212, 229
이끼　27, 133
이루(離婁)　232
이리　189
이백(李白)　203, 209
이사(李斯)　210
이소(李愬)　209

이하(李賀)　203
인상여(藺相如)　193
잉어　147

| ㅈ |

자도(子都)　190
자라　30, 152
자로(子路)　242
잠자리　132
장지화(張志和)　162
적제(赤帝)　156
전당포　32, 33, 104
전욱(顓頊)　143
정훈(鄭熏)　162
제비　216
조고(趙高)　210
조식(曹植)　203
주몽(朱蒙)　149
주미(麈麋)　190
주태상(周太常)　52
줄풀　71
쥐　40, 102, 107, 124, 181, 235, 236
증자(曾子)　209
지황씨(地皇氏)　143
진중거(陳仲擧)　177

| ㅊ |

참새　102, 134
책상　36, 38, 102
천황씨(天皇氏)　143

철쭉 42
청둥오리 127
청하 145
초당선생(草堂先生) 162
칠송처사(七松處士) 162

| ㅌ |

토끼 189, 199

| ㅍ |

파리 150, 232
표범 189, 222, 235

| ㅎ |

하백(河伯) 145
하육(夏育) 193
하지장(賀知章) 162
한무제(漢武帝) 41
한계사 64
한고대(漢皐臺) 145
한고조(漢高祖) 156
한유(韓愈) 209
항장(項莊) 193
해모수(解慕漱) 144
향산거사(香山居士) 162
허심(虛心) 164
현덕수(玄德秀) 179
현인(賢人) 209
현진자(玄眞子) 162
호랑이 75, 189, 191, 193, 194

황건적 156
황제(黃帝) 143